华中科技大学新闻传播学科创建四十周年纪念丛书

编委会

主 任

张明新　金凌志

委 员

王四新　许　凯　李卫东　李华君

李彬彬　范长敏　赵志刚　郑　鸣

郭小平　程　祥　鲍立泉

梦 想
同歌同行向未来

主　编◎李彬彬　李华君　李卫东
编　委◎许静静　鲁思琪　黎芸伊
　　　　胡馨月　邵蔚楠　李思铭
　　　　黄启超　马怿玮　陈星宇

华中科技大学出版社
http://press.hust.edu.cn
中国·武汉

◎ 作者简介

李彬彬

华中科技大学新闻与信息传播学院党委副书记。

李华君

华中科技大学新闻与信息传播学院副院长、教授、博士生导师，获评"国家万人计划青年拔尖人才""湖北省优秀社科青年人才""华中卓越学者特聘教授"。

李卫东

华中科技大学新闻与信息传播学院党委副书记、教授、博士生导师，教育部大数据与国家传播战略实验室（培育）执行主任，国家传播战略研究院执行院长。

总序

1983年秋,在当时的华中工学院这所理工科大学里,一个文科院系——新闻系诞生了,这是全国理工科院校中创立的第一个新闻院系。经过四十年的建设发展,昔日教师不足十人、学生仅有一两百人的新闻系,成长为今天拥有教职工近七十人、在校生一千余人的新闻与信息传播学院。四十年前的新闻系,只有新闻学一个本科专业,今天,学院拥有从本科到硕士、博士和博士后的全程式新闻传播人才培养链,设有五个本科专业、五个硕士专业、五个二级学科博士学位授权点和一个博士后流动站,成为中国新闻传播人才培养的重镇。

回首四十年筚路蓝缕和艰辛创业的历程,我们感慨不已。这四十年,是在立德树人方面敢为人先、矢志创新的四十年。不论是在理工科院校里首创新闻传播学专业,还是开创网络新闻传播教育、新闻评论特色教育,学院都坚持创新引领,勇立时代潮头。这四十年,是在学科建设上追求卓越、坚持特色发展的四十年。不论是确立"文工交叉,应用见长"的学科建设思路,走新闻传播科技与新闻传播文化相结合的道路,还是全方位实施多学科融合,深入贯彻新文科理念,持续推进中国新闻传播学科发展理念与机制转型,学院走出了一条独具特色的新闻传播学科建设之路。这四十年,是在科学研究上坚持求真务实、服务国家战略需求的四十年。不论是在二十世纪八九十年代面向新闻学基础理论研究和新闻改革探索,还是近十多年来聚焦国际传播能力提升、建构新型主流媒

献给华中科技大学新闻传播学科创建四十周年

体,学院始终坚持组织精干力量开展科学研究,以优质的学者和学术资源服务国家和社会。

回顾四十年发展的历程,一个值得我们十分关注的方面,就是学院非常注重加强文化建设,将其提升到战略高度。一直以来,学院特别强调通过文化建设,提升师生专业认同感和归属感,营造良好生态,培育团队精神,确保可持续发展。传播文化是大学区别于其他社会组织的根本特征,每一所大学都有自己的文化氛围。在某种意义上,大学的文化机制对于所有师生而言,具有强大的感召力和整合力,彰显着大学的底蕴和风格。因此,一所好的大学,必然有其独特的文化作为精神支柱和价值支撑。对于一个新闻传播学院来说,同样如此。四十年来,学院强调"敢于竞争、善于转化""交叉融合、守正创新"的思维理念,致力于打造勤奋务实、合作团结的良好生态;在实际工作中,注重建设文化载体,以院史、院训、院歌、院名石等形式来传承学院文化。

2023年秋,时值学科创建四十周年,学院规划了这套纪念丛书。出版这套系列丛书的目的,既在于回顾学院自1983年创办以来的四十年历史发展进程,总结学科发展经验,更在于通过系统性地挖掘学院的历史文化底蕴,凝聚师生和校友力量,向社会各界展示学院一直以来锐意进取、勇于创新的精神风貌。这套丛书包括以下六部:

《弹指间——我与华中科技大学新闻传播学科发展的三十八年》,是吴廷俊教授的回忆文集。1998年,新闻与信息传播学院正式创立,吴廷俊教授任创院院长,2006年荣休。吴廷俊教授据任院长期间的工作日志,及退休后的学术研究和学术交流备忘录,写作完成本书。作者从院长的视角回顾了华中科技大学新闻传播学科由小到大、由弱到强的发展历程。吴廷俊教授在学院工作了38年,书名源于毛泽东同志《水调歌头·重上井冈山》词中"三十八年过去,弹指一挥间"之句,描绘时间如白驹过隙,倏忽而逝。本书读者将从吴廷俊教授38年工作生涯的生动叙述中,看到他为学院发展所做出的卓绝贡献。

《不惑之年——学院创建与发展纪实录》,由正在和曾经在学院工作的教师们撰写的回忆性和纪念性文章集纳而成。作者们通过对这些难忘经历的回忆,展现了学院创办、建设、发展、转型的四十年历史。这些回忆历历在目,宛在昨日,可读性强。2018年,学院前任院长张昆教授曾主编《三十五年回眸——喻家山下的新闻传播教育情缘》。该书是基于学科创建35周年的历史节点而编撰，收录了学院教职工经历凝练沉淀的回忆录文章。本书与该书的作者有一些重叠，但在内容上则完全不同。两书都是对《华中科技大学新闻与信息传播教育史稿》和《华中科技大学新闻传播教育史稿(1983—2023)》的重要补充。

《桃李春风——优秀院友回忆录》，是学院近三十年来毕业的校友们的回忆录。在此期间，学院共有八千多名校友，分布于世界各地，为中外文化交流和中国社会发展做出了独特贡献。该书收录了部分优秀院友的回忆文章。这些文章以细腻、鲜活的生动笔墨，描写了他们在读期间或毕业后的生动事迹，展现了近三十年来院友们活跃于社会各行各业、奋发有为、追求卓越的身影。书名"桃李春风"，取自宋代黄庭坚《寄黄几复》诗句"桃李春风一杯酒，江湖夜雨十年灯"，以表达校友们毕业之后常回忆当年校园生活和相互思念的深情厚谊。

《华中科技大学新闻传播教育史稿(1983—2023)》，是2013年版《华中科技大学新闻传播教育史稿》的第二版，系在申凡教授原书五章内容的基础上增加了一章扩充而成，该章由陈少华教授执笔完成。该书以系统的架构和翔实的资料，记录了学院四十年的发展史。学院是我国新闻传播教育发展的缩影：它诞生于改革开放初的教育改革萌动期，成就于我国高等教育大发展的时代浪潮之中，其间经历了破冰筹办、红火初创、艰辛探索、迎风起飞、发展壮大、创新变革六个时期，最终建设成为我国新闻传播学术研究和高等教育的重镇。

《拓荒者——优秀院友访谈录》，是对学院早期校友的访谈文集。学院早期培养的毕业生，许多成为中国文化和传媒行业的翘楚，为国家发展、社会进步和文化繁荣做出了自己的贡献。该书通过对一批早期校友的深入访谈，勾勒了当年华中工学院和华中理工大学新闻学子的学习生活和精神风貌，展现他们毕业之后在各自岗位上的恪尽职守和卓越奉献。在某种意义上，早期的学子们和教师们一道，都是华中科技大学新闻传播教育的"拓荒者"；相比于教师，早期的学子们更加全方位地反映了当年新闻传播教育的历史图景。

《梦想——同歌同行向未来》，是学院在校优秀学子的文集，内容包括"我与新闻学院的相遇""我在新闻学院的成长之路""我的新闻梦"等部分的篇章。学子们通过运用不同的体裁，从不同角度倾诉新闻传播学子对学院精神的感悟，表达当今新闻传播学子挚爱学院的心声，充分展示了学院当前立德树人的新近成果。我们期待该书的出版，以引领师生和校友们"回顾来时路"，凝聚广大师生校友和社会各界的力量。

2022年，学院成立了丛书编委会，编委们进行了分工并开展工作。在丛书规划和编撰过程中，得到全院师生和广大校友的热心支持。在此，我们要对各位编者和作者的大力支持表示感谢！特别是老院长吴廷俊教授，他以年近八旬的高龄，不仅撰写了长约50万字的著作《弹指间——我与华中科技大学新闻传播学科发展的三十八年》，还第一个为《不惑之年——学院创建与发展纪实录》撰写长文，令人感动，陈少华教授在申凡教授原著《华中科技大学新闻传播教育史稿》基础上，做了细致的材料搜集和整理工作，将史稿的时间跨度从30年拓展到40年，向读者们呈现了学院建设发展的历史全貌。学院第一届校友范长敏先生，是三峡日报传媒集团的前任总编辑。他非常支持学院的各项工作。2013年春，在他与时任三峡日报传媒集团董事长、社长罗春烺先生的倡议推动下，集团为学院赠送了位于东六楼西侧的院名石，如今已成为学校知名地标。此次丛书的策划编撰，范先生亦出力甚多。此外，我们要对北京、上海、广东、江西和武汉等地校友组织的许多校友表示感谢，他们不仅为学院创建四十周年系列活动做出诸多贡献，还为丛书的编写付出许多汗水。这些可亲可爱的校友们，在此不一一列举。同时，我们还要对华中科技大学出版社总编辑余庆先生、人文社科分社社长周晓方女士和首席编辑杨玲女士等，表示我们由衷的感谢。正是他们持续的关心和帮助，本丛书才得以顺利出版面世。

在马克思看来，每个人不仅是历史的"剧作者"，同时又是"剧中人"，我们是文化的创造者，亦被文化所创造。高等教育是"以文化人"的工作。学院文化建设是一个长久的、历史积淀的过程，需要在时代的长河里承前启后、不断发扬。在某种意义上，本丛书承载着学院的办学理念和价值追求、学者学人的人文品格和学术品位，以及学院学子们的生动事迹和当代风采。这种文化风貌和精神，不仅是后辈学子们成长的沃土，更将在他们手中持续传承和发扬光大。

丛书编委会
2023年10月

目·录

一、醉晚亭旁

1 你好，新闻人

001 乘风破浪，新船远航
　　——2022级本科生新生代表李静宜在2022年开学典礼上的发言
　　李静宜

006 我与华科大的"喻见"
　　——2020级本科新生代表易姣霞在2020年开学典礼上的发言
　　易姣霞

008 使命光荣在肩，你我卓越同行
　　——2022级硕士新生代表张舒雅在2022年开学典礼上的发言
　　张舒雅

010 追求知识的过程，既是命运之旅，亦是漫步之旅
　　——2021级硕士新生代表卞欣悦在2021年开学典礼上的发言
　　卞欣悦

012 以梦为马，砥砺前行
　　——2019级硕士新生代表李丹琦在2019年开学典礼上的发言
　　李丹琦

014 做踏实的求学者，清醒的当代人
　　——2022级博士新生代表李旺传在2022年开学典礼上的发言
　　李旺传

016 敬畏理想，做不甘平庸的追光少年
　　——2021级博士新生代表郑坤在2021年开学典礼上的发言
　　郑坤

018 不忘来路,奔赴热爱
　　——2019级博士新生代表张晶晶在2019年开学典礼上的发言
　　张晶晶

020 大学是一场背负信念的现实主义冒险
　　——2019级本科老生代表赵冉在2022年开学典礼上的发言
　　赵冉

023 转换身份,重新出发
　　——2018级硕士老生代表张智鹏在2022年开学典礼上的发言
　　张智鹏

2 相遇手记

026 蓄谋已久的热恋
　　罗妍雨

029 与新闻学院只若初见
　　彭浩淇

032 我的底气
　　王行健

034 寻华中科技大学新闻学院历史
　　吴心杰

036 华科大的树
　　刘荣榕

二、求新博闻

1 新闻青年

041 王一苇:生逢盛世,重任在肩
　　王一苇

043 李仪:与学院携手,撷取时代之光
　　李仪

045 汪司晨:虚怀若谷,追梦前行
　　彭美茜　蒋淑娴　刘彦宏

047 武丹萍:做新闻,找自己
　　卢奕婷

050 艾弘毅:每个人的心里都有一团火
　　王天伊　张心怡

052 方雨霏:不设限自定义
　　徐伊琳　代睿祺

055 曹旭晨:不忘初心,坚定前行
　　王芮　张伊婷

057 陈星宇:携初心奔跑,为热爱追光
　　郑玺　董梦洁

060 郑孜谦:流光歌咏,芳华翩跹
　　黄文韬　王行健　赵梓清

063 易姣霞:"痛并快乐着,继续加油!"
　　李好　雷文琦

066 周雨萌:此处果有可乐,我即别无所思
　　王煦　马金蕊

069 卢家驹:乘热爱前行,踏无疆途旅
　　肖思怡　张奕婧

072 吴雪如:以自己喜欢的方式过一生
　　郑杰滨　商誉文

076 周文卿:认同自我,热烈生活
　　张洋　张皓晨

079 孔佑樨:穿花寻路,浩气展虹霓
　　向可可　黄麟稀

082 彭美茜:天道酬勤,青山不负
　　向官傲　赵沁怡

084 陈天明:心怀梦想,星光不负赶路人
　　刘琳

086 李旺传:寻己所爱,静待风起
　　余祥蓉　龙情

089 王沛佳:爱笑的女孩子实力都不会太差
　　马秋华　王文卓

091 龙情:坚持你所热爱的,热爱你所坚持的
　　王浩霖

094 罗紫菱:行而不辍,笃行不息
　　代欣园

096 刘通:追风赶月莫停留,平芜尽处是春山
　　代扬

099 熊程心子:满怀热情去做,力求自己做好
　　田敏轩

103 张若邻:心中怀热爱,勇敢去发声
　　马倩茹

107 吴奇凌:保研人大,于坚持中生长浪漫
　　茹开榕

109 王馨浥:考研复旦,寻寻觅觅,找到人生的"原野"
　　张伊婷　卢奕婷

112 郭宇龙:考研清华——纵有万重山,轻舟依旧过
　　卢奕婷　徐伊琳

2 群像记忆

116 标兵寝室韵苑5栋413:山高水长,终有回甘
　　鲁思琪

118 新闻男足:"我们会等来下一个巅峰,会等来冲甲的那一天!"
　　陈子豪

三、岁月如歌

1 成长风华

123 本科散记
　　赵冉

129 新闻人,喻园情——我在华科大新闻学院的成长小记
　　姚晓炫

133 新闻梦想从华科大启航
　　武丹萍

136 星光不问赶路人
　　赵襄婧

140 华科大点滴
　　孙敏杰

143 在喻园，仰望星空，脚踏实地
　　李旺传

146 在华科大
　　王一苇

149 秉中持正，求新博闻——新闻学子求学路
　　王怡亭

152 在新闻学院求学和做事
　　郭思骋

155 六月的夏天
　　王沛佳

158 一封回信
　　李晓川

161 四十年很长吗？
　　罗钰雯

164 我想
　　王行健

2 师生同窗

168 走进老师们的办公室
　　吴雪如

172 徐明华老师二三事
　　郑杰滨

176 打开华科大这本书
　　商誉文

3 再会，东六楼

180 如何与最亲密的"我"相处
　　——2020届硕士毕业生代表袁向玲在2021年毕业典礼上的发言
　　袁向玲

181 青葱岁月，再书华章
　　——2021届硕士毕业生代表文子玉在2021年毕业典礼上的发言
　　文子玉

183 初心不改,扬帆远航
  ——2022 届本科毕业生代表赵春辰格在 2022 年毕业典礼上的发言
  赵春辰格

185 感恩喻见
  ——2022 届硕士毕业生代表罗楚豪在 2022 年毕业典礼上的发言
  罗楚豪

187 "新"向原野,蓄势前行
  ——2023 届本科毕业生代表陈星宇在 2023 年毕业典礼上的发言
  陈星宇

189 再度出发
  ——2023 届硕士毕业生代表刘通在 2023 年毕业典礼上的发言
  刘通

一、醉晚亭旁

　　喻家山下，醉晚亭旁，梧桐风过，又是一年金秋，一茬茬梦想在此生根发芽。年轻的面孔自天南海北而来，在大大小小的行囊中装载数年求学之硕果，接过新闻学院的徽标。于是，新一代的传承开始了，一个又一个以笔作舟、肩担道义、传播美好、捍卫社会公平与正义的新闻梦想就此启航。

1

你好 新闻人

乘风破浪，新船远航
——2022级本科生新生代表李静宜在2022年开学典礼上的发言

李静宜（2022级播音与主持艺术专业本科生）

提到华中科技大学（简称华科大），不知道大家脑海中第一个浮现的形容词是什么？我想是"低调"但却"奢华有内涵"。那提到华科大新闻与信息传播学院（简称新闻学院），大家又会想到什么呢？这次我的答案是"热情与坚定"。

高中时，我有幸和毕业于华科大新闻学院的师哥师姐们交流过。我永远记得，提到新闻专业时，他们言语中洋溢着的热情；谈起对未来的规划时，他们眼睛里闪着的坚定。那种对探索新知的追求，对提升自我的渴望深深地感染了我，他们也让我感受到了在这样一所以工科见长的理工名校里，新闻学子独有的人文关怀，而我也想做那样一个充满热情的华科大人。

还未进入华科大时，QQ群里辅导员老师细致周到的安排与解答，学长学姐们自发的线上答疑会，新闻学院微信公众号内精心制作的新生系列推文，都让我真真切切地感受到了华科大新闻学院这个大家庭的温暖。而初入华科大的这几天里，感觉它与我曾经梦中泛着金光的样子又有些不同，它不仅仅承载着对学术的追求和热爱，在生活中亦是亲切而热情的模样。在新闻学院里，我切实感受到的是辅导员们无微不至的安排与关心；是学长学姐在我们因初入校园而手忙脚乱、焦头烂额时给予的帮助；是"走寝"时学院领导对我们生活的体贴与牵挂……这一切的一切都让从未独自一人离家，也未曾体验过宿舍生活的我在新生周的忙碌中渐渐适应了华科大的生活，也安抚了我随时泛起的焦虑，更让我体会到了在"明德厚学，求是创新"滋养下的华科大精神与华科大品格。未来四年我们面临未知的挑战，但此刻我相信我们不是一个人在为梦想奔跑，有这么多优秀的师长同行，此时的我们也多了一分信心与勇气。

提起专业梦想、新闻理想，那是我在心中描摹过千百遍的方向。我很享受传递声音的过程，在校园里，通过一个话筒和一方小小的调音台，我能够用自己的声音向他人传递能量。我也很喜欢采访他人，接触不同的人，与不同的观点碰撞，感受思维碰撞下有力量的思考。我很敬佩那些传递理想之声、真理之声的播音员:齐越、萧岩、夏青、葛兰。他们曾说:"我是中国人民的播音员,中国共产党的播音员,我传达的是中国人民战胜艰难险阻,走向胜利的声音,我传达的是中国共产党堂堂正正的真理之声。"他们的故事让我对新闻学院外刻下的"秉中持正,求新博闻"有了更深刻的理解。

儿时的记忆中,难忘的是爷爷戴着老花镜,坐在藤椅上读报的场景。我也喜欢学着爷爷的样子对着硕大的报纸频频点头,那是我第一次接触报纸。随着年龄的增长,我越来越享受从报纸中感知世界的感觉,所以我很仰慕那些"铁肩担道义,妙手著文章"的著名报人:邹韬奋、邵飘萍、张季鸾、林白水。一个个燃烧着热情的名字,一位位前辈让我对新闻行业心驰神往……那么,不知在同学们的心中,新闻人是什么样的呢?是党和人民的喉舌吗?是求真务实?又或是敏感灵通?我相信,关于新闻,其实我们每一个人心中都有一个清晰而坚定的答案。或许此刻我们的想法有些幼稚,但我希望我们都能永远葆有十八岁的单纯和热情。

记忆中第一次深入了解华科大,是在 2020 年,当时新冠疫情肆虐江城。从新闻报道中,我了解到华科大是全国投入最多床位和医护人员的高校,我深深地为这份义无反顾的大爱而感动,更对华科大和每一位华科大人的担当心生敬佩。疫情当前,奋战在一线的不仅仅有救死扶伤的白衣天使们,也有许多优秀的传媒人、新闻人。他们也是勇敢的逆行者,奔赴在抗疫第一线,用镜头展示疫情之下真实的武汉、真实的中国。通过一篇篇新闻报道、一段段采访,让全国人民看到了疫情防控下的中国速度、中国力度与中国温度,更让世界看到了中国力量、中国担当。在任何时候,我们总能看到一代又一代传媒人、新闻人奔赴在重大事件的第一线,扛起记录时代、记录历史的重任。

十一年前,我院知名校友新华社记者周科用手中的相机,定格下一个"肩上扛着生活,怀里搂着希望"的"春运母亲";十一年后,在决战脱贫攻坚的 2020 年,周科再次将镜头对向那位"春运母亲"。这时的她已经用双手奋斗出幸福,顺利脱贫摘帽。高中暑假时,我曾有幸参与脱贫攻坚微电影的拍摄,更是真真切切地感受到了作品诞生背后新闻人的辛苦付出。他们身体力行,为大家带来最新鲜的消息,心怀大爱去倾听更多人的声音,肩担责任去触摸这个社会的毛细血管,他们都是我们的榜样!

与此同时,我也从社交媒体账号上了解到了华科大新闻学院师哥师姐们的努力。他们用镜头记录事实,用微电影作品《山》聚焦脱贫第一线,"讲好华科大故事,传播校园好声音";他们登上一个又一个演讲舞台,"用声音传递有温度、有深度的思考,讲好华科大故事,讲好中国故事"。相信有如此优秀的师哥师姐们作为榜样,我们的前途也不再迷茫!

  青年一代有理想、有本领、有担当,国家就有前途,民族就有希望!未来四年,我们将成长于华科大这片沃土中。校园为我们提供了更加广阔的舞台、更加多元的评价体系,多种多样的社团在等着我们施展身手,丰富多彩的文艺活动在等着我们展露才华,不可计数的课程与项目在等着我们自由发展……我们应努力学习,以机敏的"脑力"踏实前行,课内认真听讲,勤思考、多思考、善思考;以朴实的"笔力"一丝不苟地完成下发的各种作业和任务,更要用心经营文字,用朴实的文字吸引人,用生动的笔触感染人,提升自身的专业能力;我们应开阔视野,以善于发现的"眼力"关心时事,了解天下,培养自己的格局与胸怀,在独善其身的同时,也慢慢开始学会兼济天下;我们更应用踏实的"脚力",从"知"向"识"实现学习升级,从书斋走向社会实践,进一步完善人生修养,提升人生境界,学出丰富、学出精彩,努力成为"进基层、懂国情、长本领"的新闻人!

  这里是我们求学生涯的新起点,回想暑期填写新生问卷时,我曾写下对自己的期待:平和而执着,谦虚而无畏,永远以理性、热情之心省察前方道路,遇见更好的自己。在微信公众号推文中我也看到了大家五彩斑斓的梦想,期待我们能够在这里遇见一个更加优秀明智的自己,靠近一个更加清晰切实的梦想,收获一段融洽友好的友谊,邂逅一次浪漫舒适的爱情……愿我们都能在华科大这片广袤的追梦舞台上,用坚实的脚步为青春标下生动的注脚。

  少年应有鸿鹄志。当今世界正经历着百年未有之大变局,身处时代洪流中的我们,肩负重任。作为2022级本科新生的我们,与华科大70周年校庆的荣光与喜悦同行,而作为2022级新闻学院新生的我们,更应与新时代传媒事业、新闻事业同行,担当时代重任,展现青年作为,怀揣浓厚的家国情怀,坚守新闻理想,守望公平,捍卫正义,赓续红色基因,把成为"秉中持正,求新博闻"的新时代传媒人作为奋斗目标,不负青春,不负韶华!

我与华科大的"喻见"

——2020级本科新生代表易姣霞在2020年开学典礼上的发言

易姣霞（2020级播音与主持艺术专业本科生）

时光如白驹过隙，军训在不知不觉中告一段落，在这十二天时间里，我们经历了汗水的冲刷、意志的磨砺、日复一日的队列训练、起床后的内务整理、教官严格而又不失关怀的训练方式、多姿多彩的生活讲座。风雨何所畏惧，磨砺催人奋进。操场上坚毅的目光、烈日下握紧的拳头，成为训练场上一道独特的风景线，也成为我们的开学第一课。我们明白了"吃得苦中苦，方为人上人"的硬道理，我们拥有了一颗忠于党、忠于人民、忠于祖国的赤子之心。

今天来自天南海北的同学们缘定华科大新闻学院，有幸成为华科大的新闻人，将在这座学府以青春之名写下属于自己的华科大故事。而我与华科大的故事，要从三次与华科大的结缘说起。

我与华科大第一次结缘，是高一看到知乎上的一个投票，"最低调的大学"榜单之首便是华中科技大学。打那之后，我便对华科大产生了浓厚的兴趣，也了解到华科大的校训是"明德厚学，求是创新"，新闻学院的院训是"秉中持正，求新博闻"。在华科大的微信公众号上我看到了一个又一个华科大的背影出现在汉口火车站忙碌的义工学生中，出现在军运会志愿者的小水衫上，出现在暑期支教点燃星星之火的足迹上。我也想成为一个新闻工作者，以笔为利器针砭时弊，挎一台相机成为公众的眼睛去记录每一个时刻。那时年少懵懂的我心中便埋下了一颗向往华科大新闻学院的种子。

我与华科大的第二次结缘，是疫情期间看到每一位奉献的华科大人。我持续关注着华科大的每一条新闻，关注着华科大人的抗疫故事。我们敬爱的学长张定宇校友，他身患渐冻症，但仍愿以微弱之光疗愈世间伤痛，主动请缨站在了防疫的最前线。我们新闻学院也涌出一个又一个的抗疫故事。35人参加公益团队，开展线上抗疫；50人参加媒体实习，参与报道抗疫工作；我们的学姐刘梦琪记录武汉现状的视频被中国新闻网官方微博发布，获得了23万次的播放量；我们的学长颜瑞华参加武汉康复驿站的志愿工作，用新闻宣传报道的方式为抗疫做出积极贡献。华科大新闻人的团结、担当深深地印在我的脑海里。怀着对他们的崇敬,我愈发向往华科大新闻学院。

我与华科大的第三次结缘,是高考终圆梦华科大,圆梦新闻学院。当复习陷入倦怠时,心中对华科大新闻学院的向往成为我在黑夜中的光亮。7000余亩的华科大校园,拥有"最美森林大学"的美誉,漫步新闻学院,可以感受醉晚亭的古典浪漫——它疏影横斜,曲折幽静,氤氲着淡雅荷香。我们可以徜徉世界名人园,漫步历史长廊,古今中外奔赴而来,这些圣人的哲思、前人的智慧,指引我的青春航向。眼里有火,心中有光,热忱少年终归喻园。

此刻,我站在这里,立于心驰神往的华科大新闻学院,终于成为一名华科大的新闻人,心情既高兴又激动,对大学生活充满期待。在接下来的四年里,或许你想勇攀书山,畅游学海,门门满分,成为令人羡慕膜拜的学霸学神;或许你想活跃于社团组织,走在服务同学的第一线,热爱而执着;又或许你热心志愿,投身实践,为偏远山区的孩子点亮心中的光。无论你有怎样的梦想,华科大新闻学院都是你实现梦想的地方。因为这里有最棒的老师,最好的同学,最优质的教育资源,以及对大学生活充满无限热情的你。

作为一名华科大新闻学院的新人,我们不仅要继承华科大新闻学院沉淀的优秀传统,秉持着"秉中持正,求新博闻"的院训精神,还要在心无旁骛潜心治学中汲取养分,更要放眼未来,学以致用,服务于国家、社会。当今世界正经历百年未有之大变局,新时代的华科大人应该冲锋在前,勇做潮头最激荡的后浪。

希望我们都成为有梦的人,敢于追梦,立志圆梦,喻家湖畔,乘风破浪。

希望我们都成为有用的人,肩担道义,手著文章,心怀大爱,成为一个守望真理的新闻工作者。

希望我们都成为有光的人,向上向善,发光发热,为家国天下敢担当,跑好强国时代的接力棒。

感谢缘分让我们在珞喻路1037号森林彼此相遇,往后四年,请多指教!

使命光荣在肩，你我卓越同行
——2022级硕士新生代表张舒雅在2022年开学典礼上的发言

张舒雅（2022级传播学专业硕士生）

今天，我们齐聚在喻家山下，来到充满了生机与活力的1037号森林大学，即将共同开启一段崭新的征程。

去年的此时此刻，我还是一名站在人生十字路口的大四学生，对未来既有迷茫，更充满了期待。从决定读研的那一刻起，"华中科技大学"这几个字，就深深地印刻在了我的心上。勇争一流、追求卓越，是每个华科大人印在灵魂中的不懈追求；而奋力前行、不畏困苦，则是所有新闻学院学子的信仰。任岁月更迭交替，新闻学院学子始终勇立潮头、矢志一流，在变与不变中传承着卓越的华科大精神。一周前，我有幸参加了华科大第五届新生骨干培训班。在那里，来自不同学科的同学们在一起读书、上课、研讨。我学到了李元元书记对华科大学子所说的"敢于竞争，善于转化"，见识到了优秀的学长学姐们所说的"与上进者为伍"，聆听到了陈先红教授"优秀的青年要敢于向世界传播一流的中国故事"的前沿观点。感谢华科大，感谢新闻学院，让我得以窥见奋发向上、追求卓越的华科大精神。未来，我相信，学校、学院已为我们筑就了更加广阔的天地，而诸君只管大有所为。

鲁迅先生说："愿中国青年都摆脱冷气，只是向上走……有一分热，发一分光……"此刻，我想用三个词开启在华科大新闻学院的学习生活，也与大家共勉。

一是永葆蓬勃向上的"朝气"。在华科大的短短一周，我见过宿舍凌晨一两点洗漱间往来的身影，也在便利店和小组同学们一起"肝"过通宵，看过早上五六点初升的太阳。在华科大的每一天，我都感到是充实的、有收获的，"在实践中不断成长，走向生命的成熟与开阔"，已经不自觉地成为我们每一名新闻学院新生的目标与追求。"学在华科大""与上进者为伍"，更与拼搏者为友！

二是永葆锐意创新的"勇气"。华科大校训"明德厚学，求是创新"，在新骨班中，我对这八个字有了更深刻的认识。我们聆听了欧阳康老师、陈先红老师等多位教授的讲座，讨论"中国之治何以体现四个自信""青年人如何参与一流大学的建设以及如何培育灵魂""前浪与后浪的关系",阅读《中国共产党简史》并分享读后感。同学们在汇报时尽情输出观点,在讲座后从自身学科背景出发和大咖交流碰撞,他们带动我,让我更积极地去思考,更勇敢地去表达。在收获满满的知识和友谊之外,我不仅学会了读好"有字之书",更学会了读好"无字之书"。新闻学院以"秉中持正,求新博闻"为院训,在这个看似"唯快不破"的时代里,我们要勇于沉下心来,逆流而上,潜入行业与专业的最深处,肩负起时代的使命,向世界传递中国的声音。

三是永葆敢为人先的"锐气"。我们很幸运,一毕业就处在世界百年未有之大变局和中华民族伟大复兴的历史机遇期。站在这百年交汇的新起点上,我们回眸过去,更能深刻感受到历史给予了我们重要传承,现在教会了我们使命担当,未来正等着我们去发现创造。入学前,我无数次问自己,我们应该以什么样的理想与抱负,去迎接新的百年,去铸就属于我们自己、属于华科大新闻学院未来的新辉煌?"人生无进退,天地宽窄间",家国情怀、使命担当不是虚无缥缈,它们孕育在我们每一次的前进和选择中,把每一次后退当成前进的动力,把窄的路越走越宽,在"吾日三省吾身"中汲取源源不断的内生动力。我们每个人,都能成为登高望远、不忘初心、担当民族复兴大任的时代新人,我们在研究中的每一点突破、在实践中的每一次发声都能成为写就新时代中国故事的句读篇章。

时代正可为,青年正有为。我相信,今天我以华科大新闻学院为荣,未来,华科大新闻学院也将为我们而感到骄傲!

追求知识的过程,既是命运之旅,亦是漫步之旅
——2021级硕士新生代表卞欣悦在2021年开学典礼上的发言

卞欣悦(2021级新闻与传播专业硕士生)

四年前,我在北国春城收到了一封元元校长签名的录取通知书,穿着西装吹着成熟主播头的小女孩实现了她高中时代的全部渴望和梦想;四年后的今天,我如愿在荆楚江城华科大南大门广场和元元书记拍下了第二张合影,对我而言这不得不说是一段奇妙的"华科大缘"。我相信,在座的每一位同学都与华科大有着一段美好且励志的故事,也正是因此,我们才能从五湖四海来,共同汇入1037号森林大学,拥有了一个共同的身份:华科大人。

漫画中的云朵状的树木、转角处的小猫、夜幕下的校园电影《致青春》般的色调,一切的一切都满足了我对于大学的期待。骑着电动车带着男朋友或女朋友或室友穿梭于大道上,忍不住感叹青春何等美好!也不禁思考在喻园的青春应该如何度过。

我想,逐梦青春、追求知识的过程,既是命运之旅,亦是漫步之旅。

蛰伏三十年,华科大罗俊院士团队测得最精确的万有引力常数;中国首例新冠肺炎遗体解剖者法医刘良老师在疫情最严重时逆行武汉,揭开了病毒背后的秘密;瞄准国际新形势下国家传播需求,我院"大数据与国家传播战略实验室"获批成为教育部首批设立的哲学社会科学实验室,并不断蓬勃发展。许许多多的华科大人秉承"敢于竞争,善于转化""敢担大任,勇攀高峰"的华科大精神,面向世界科技前沿、面向经济主战场、面向国家重大需求、面向人民生命健康,和学校一起勇担高水平科技自立自强之重任。

"写好两篇文章",可能是华科大学子们听到最多的一句话。除了必要的科研任务与学术追求,我们也常说要把论文写在祖国大地上。今年,我参与了广西乡村教师国家通用语言文字能力提升培训项目,深刻体会到了偏远地区教育水平的局限和落后。这次经历也使我意识到唯有接触才会了解,唯有了解才会关心,唯有关心才会行动,只有用脚步丈量足下的土地,才能敏锐洞察社会的运转机制,进而为更美丽的社会画卷做出自己的小小贡献。

管理学院王海江老师说:"每天至少留出20分钟,或漫步操场,或仰望

星空。"三省吾身,今天"做事情"了吗?不至于疲于奔波陷入时间稀缺的恶性循环,也不至于虚度年华而悔恨叹息。每天问自己有什么新的收获,读新书可以,收获新的感情也可以,去经历世间的喜怒哀乐、酸甜苦辣,有过的、没有过的、将要拥有的,都尝试过,然后可以说一句:我曾历经沧桑。努力跳出认知的荒野和盲区,对存在的宇宙、曼妙的人生发出无限的爱和勇气,无尽的生命力和创造力,让青春的光谱更加广阔,青春的能量充分迸发。

我们很幸运可以在华中科技大学建校70周年这个特殊的历史节点上迎来我们人生中新的起点。在今年的迎新现场,元元书记同大家亲切交流,当得知我是来自新闻与信息传播学院时,元元书记笑着说:"我们的新闻很强啊!科研要靠研究生们的创新。"亲爱的同学们,我们的一步,或许不仅是个人成长轨迹的一步,也是学院发展的一步。作为世界百强高校,我们的一小步,就是国家科技创新、自立自强的一小步,就是国家发展一盘棋中的重要一步。

在这里,"秉中持正"将成为我们的处世箴言;"求新博闻"敦促我们精进业务;"明德厚学"警示我们不忘做人、做学问的根基;"求是创新"激励我们在实干中踔厉奋发。相信我们在华科大精神的引领下,将个人命运与国家民族命运紧密相连,一定能实现人生价值,享受精彩生活。"为华科大的明天团结奋进,为祖国的明天共谱华章!"愿我们充满惊喜,充满好奇,充满勇气!

以梦为马，砥砺前行

——2019级硕士新生代表李丹琦在2019年开学典礼上的发言

李丹琦（2019级新闻学专业硕士生）

此时此刻，我们从五湖四海来到华中科技大学，齐聚喻家山，欢聚新闻学院，开启我们人生中最绚丽的一段时光。

去年的七月，响应党和国家"到西部去，到基层去，到祖国最需要的地方去"的号召，我主动保留一年学籍，志愿加入了大学生西部计划的队伍。如今回归校园，我愈加珍惜这来之不易的学习机会。

去年的此时，我带着青春的激情开启了西部计划志愿服务之旅。我不知道自己会被分配到哪个岗位做什么样的工作，直到上岗前最后一天我才知道被分配到恩施土家族苗族自治州建始县林业局从事基层青年工作。作为新闻学院的文科生，毫无林业专业知识的我能做什么？能为当地带去什么？正当我感到迷茫时，我想起了在华科大新闻学院就读本科期间，老师在课上说过："虽然你们学的是这个专业，但是你们毕业之后也不是全部都会从事这个行业，所以你们要全方位去培养并提升自己的综合能力。"在这里，老师们不仅是在传授我们新闻领域的专业知识，还培养我们的学习能力与思维能力，并且这种能力具有可迁移性，使我们不管在什么样的岗位上，即使在其他学科领域也能够不断接受新内容。

于是，我放下了困惑，逐渐适应在林业局的工作。其间，利用专业优势，走访调研。今年是打赢脱贫攻坚战的关键年，扶贫宣传是推进脱贫攻坚战的重要抓手。我与扶贫户同吃住共生活，撰写了扶贫路上的故事和驻村书记的事迹；跟随局里科技骨干下乡，写了30余篇林调队和林场的系列专题报道并刊登在恩施州新闻网上，其中有8篇刊登在省级媒体平台上。在发挥自身专业的最大作用之余，我也接手了以前从未接触过的党建工作，全面进行林业系统的党建组织管理工作。通过领导的帮助以及向前辈同事学习，我完成了工作。在这一年中，林业局的党建水平有了进一步的提升，评上了"州级优秀党建单位"的荣誉称号，我也荣幸地获得了县委颁发的"五四青年代表"称号。或许是因为这样一个小小的"曲折"经历，才让我更加相信只要通过努力，不管在什么岗位、在什么地方，我们都能磨砺自我，丰满羽翼,展翅飞翔。这正是华科大新闻学院给予我的勇气和信心。

想必你我一样,都曾思考过自己为何读研,经过了本科的学习,你我是否已经成功地褪去了那份稚嫩,走出象牙塔能否从容应对社会的方方面面。也许我们在接下来的学习生活中随时会遇到不顺心的事情,但是我们依然有选择努力的权利,甚至可能在小小的逆境中绽放更大的光彩、激发更大的能量;而如果你拥有了令人羡慕的机会和条件,更要好好珍惜并善用它们,坚定地选择,勇敢地相信,那么在面对一个又一个选择的时候,你都能有为自己的人生做决定并负责的勇气。

现在,我们将以研究生的身份开始一段新的生活,美好的未来必须寄希望于自己。相信经过两三年的学习,我们将能够以殷实的知识和较高的素质,坚定地走出校门,走向工作岗位,讲好华科大新闻人的故事,为社会贡献自己的力量。

秉承着华科大"明德厚学,求是创新"的精神,传承着新闻学院"秉中持正,求新博闻"的院训,在最美的年华不给青春留白,以梦为马,砥砺前行,我们是华科大新闻人。

做踏实的求学者，清醒的当代人
——2022级博士新生代表李旺传在2022年开学典礼上的发言

李旺传（2022级公共关系学专业博士生）

白露将至，天气转凉，被酷暑熏烤一整个暑假的我们终于在开学之际迎来了一丝秋意，也为我们即将开启的全新旅程增添了一份小幸运。我不禁想起过去三年在喻家山下的时光，更无比感恩能与喻园签下又一个四年之约。未来的四年，我有无限的希冀。

我希望自己学会掌控时间。在"内卷"到飞起的当下，忙碌是青年人的标配，熬夜甚至是我们的常态。然而，无数忙碌和熬夜的背后折射的往往是我们对时间掌控的无奈。从日晷、沙漏到塔钟、摆钟、石英钟，再到现在各种智能计时设备，技术的发展让我们对时间的感知愈发精确，"标准时间"下的我们执行着各种日程表，干着多线程工作，同时也成为芒福德所说的"被拘役于时间的人"。而信息社会则进一步加剧了时间的碎片化，"信息过载"下的我们生活在"永远在线"的状态。然而，信息流无休无止，时间和注意力相对稀缺，我们只有找到平衡点，学会按下"暂停键"，增强对时间的把控力，让自己的"时间知觉"不被产品束缚，才能真正安心地做好学术，成为名副其实的科研人。

我希望自己坚定心中理想。韦伯曾说："学术生涯是一场鲁莽的赌博。"于我们而言，这场赌局已经正式开始。韦伯在《学术为志业》中写道，学术工作不同于艺术工作，要求被"超越"，要求"过时"。而做注定会"过时"的学术工作需要我们时刻保持对学术的崇高敬仰和对自我的清醒认知，要有"板凳甘坐十年冷"的决心，方能练就"文章不写半句空"的本领。在实现学术理想前，我们注定会历经无数个难眠的夜，遇到万千荆棘险阻，甚至耗尽心力也无法实现心中所想。但亦如韦伯所说，唯有那发自内心对学问的献身，才能把学者提升到他所献身的志业的高贵与尊严。坚定走在学术道路上的人，本身就足够勇敢，而我希望自己能保持选择做学术的初心：为了在仰望星空时内心并不空虚，为了在漫长岁月里有纯粹的热爱相伴，为了即使身处黑暗也始终有光指引前行。

我希望自己始终热爱生活。选择"攻博"就注定选择了一条不太平坦的道路,未来四年,始终会有"毕业"这样一柄达摩克利斯之剑悬在我们的头顶。我们或许会因为无法找到一个理论模型而苦恼;或许会因为数据结果无法验证假设而崩溃;或许会因为反复被拒稿而深受打击。学术虽然会是我们接下来的生活中较重要的命题,却永远不会是唯一的命题。我希望我们都能始终保持对生活的热爱,遇到困难时要记住:人生所有的难题在跨过去之前叫作"坎",在迈过去之后叫作"诗和远方"。朝阳与晚霞、星空与极光、山川与海洋、广袤的世界、浩渺的宇宙,以及那些爱着我们和我们爱着的人,都是支撑我们走过所有难题的理由。

"少年不惧岁月长,彼方尚有荣光在。"我想带上最炽热的梦想,用心丈量时代的发展脉搏,写好"两篇论文",在新时代书写属于我们这一代人的华章,希望我们都能顺利成为理想中的自己!

敬畏理想，做不甘平庸的追光少年
——2021级博士新生代表郑坤在2021年开学典礼上的发言

郑坤（2021级传播学专业博士生）

2013年，我以硕士新生的身份走进华科大，来到了崇敬许久的新闻学院，那时候学硕跟专硕都是两年学制。时间很快，步履匆匆，总觉得才认识华科大不久就要毕业离开。2015年到2017年，是我硕士毕业后的第一份工作，在江苏电视台新闻中心做记者，那是我职业生涯的起点，也是我读本科时就笃定的目标：成为一名优秀的电视新闻记者。两年工作既是学习也是长见识，从编辑记者到出镜记者，上过一年的通宵夜班，跑过各种突发现场，那时的生活不是丰富多彩，简直就是惊心动魄。恰逢电视行业融媒体转型，省级电视媒体的社会新闻走在了行业十字路口，要想做出有特色品牌的电视新闻，单凭媒体经验是不够的，必须研究用户和平台。于是2017年夏天，我从业界转型，到河南的一所高校，成为一名大学老师，教授新媒体研究和电视新闻采访。在那里，我跟年轻的学生一起又度过了愉快的四年。

跌跌撞撞，我终于在努力尝试了两份工作后，非常清晰且坚定地继续走新闻传播教育的路线。关注业界新动态，研究业界新模式也是在更高的角度上为媒体实践服务，这个过程让我很有成就感。于是继续攻读博士学位，强化理论修养就势在必行，但很抱歉我来得有些晚，也再次感谢母校华科大新闻学院给了我继续深造的机会。同时也想借此分享几点小小的职业体会，希望能让大家未来少走弯路，生活尽早步入正轨。

首先，学习期间提前谋划，职业方向上早做打算。校园的时光短暂，平衡好科研和实习关乎未来职业定位，越早知道自己未来想要什么，准备的时间就会越充分，自然成功的概率就会更大，集中精力尽早开始做自己想做的或者喜欢做的事情，才能尽早过上属于自己的生活。不然就会像我一样，当年的硕士同班同学如今博士即将毕业，我见面不得不喊一声"师姐好"。

其次，趁年轻可以大胆尝试，但也要注意时间节点，珍惜机会谨慎选择。常说"选择无对错，关键在经营"，但是谁不知道，可能一次不经意的选择就意味着一生的职业方向。前期充分准备，笃定目标，等面临选择的时候才能坚定不移，才能对自己负得起责。很多工作看似开放且包容，但实际上都有年龄门槛,年龄意味着机遇和试错的成本。

最后,千万要注意身体,重视身心健康。我读硕士研究生期间,熬夜是家常便饭,总以为工作后生活就能规律,没承想工作后才是消耗身体的开始。如今年年体检,颈椎病、肠胃炎、难以抑制的中年发福和脱发,总是让人"惊喜不断",不服老是真的不行。森林校园,环境优雅,希望大家能在勤勉科研的同时,也能勤加锻炼,为以后的生活打下坚实的身体基础。

朗朗金秋,桂香四溢,告别盛夏的汗水,相逢清爽的校园。我用 6 年的时间,帮大家提前试水,实践证明华科大新闻学院的研究生,认可度很高、品牌力很强。我们有幸选择了华科大新闻学院,更应感到荣幸被华科大新闻学院选中。"秉中持正,求新博闻"是我们恪守的格言,华科大新闻学子也是我们一生的荣誉标签。

亲爱的兄弟姐妹们,未来几年,我们将一起书写一段共同的故事。学术征途荆棘满地,但无论艰难困苦还是焦虑迷茫,唯愿我们都能携手相伴,风雨同行。

不忘来路，奔赴热爱
——2019级博士新生代表张晶晶在2019年开学典礼上的发言

张晶晶（2019级传播学专业博士生）

我的本科和硕士生活都是在华科大新闻学院度过的，所以作为华科大新闻的"老人儿"，我可以说，这里珍藏着我最美好的青春时代！

12年前，我作为一名大学新生第一次踏入了华科大的校门。学校大、食堂棒、男生多，构成了我对华科大的第一印象。随着时间的推移，华科大像一部电影，情节慢慢展开：森林、绿地、梧桐细雨；东湖、玉兰、醉晚荷塘。课堂上观点碰撞火花四溢，人文讲座几乎场场爆满，自习室里经常座无虚席，老教授们深藏功与名。

6年前，我作为一名硕士毕业生离开了这座森林大学。当进入社会后，我有自信挑起别人不敢接的工作，我有能力在自己的领域独当一面，我以认真谦逊的态度赢得他人的尊重。这时，才发现华科大不只是我毕业的大学，它还构成了我的逻辑、我的性格、我的气质。"与善人居，如入芝兰之室，久而不闻其香，即与之化矣。与不善人居，如入鲍鱼之肆，久而不闻其臭，亦与之化矣。"华科大的树、华科大的山、华科大的水、华科大的人始终都会烙印在每一位华科大学子的身体里。

今天，仿佛梦醒一般，原来我还在华科大里。树影斑驳，桂香馥郁，依旧浓厚的学术氛围、面貌一新的东六楼、渊博可敬的老师、年轻可爱的同学们，我这个已婚带娃的"老母亲"终于找到了"重返20岁"的感觉！昨天，我的大学班长在朋友圈分享了一篇华科大新闻学院公众号推送的介绍"漂流书会"的文章，回忆如潮水般涌入心头。"漂流书会"源自我们2007级新闻班的一次主题为"图书漂流"的特色团日活动，全班同学集体在韵苑入口宣传的场景历历在目，让我惊讶的是十年过去了，"漂流书会"竟然还在"漂"着！原来，华科大的校园里也烙印着我们每个学生的影子！就如同华科大每年毕业晚会的主题"同歌同行"一样，华科大与我的缘分就是，今日与你同歌，今生伴你同行。

亲爱的兄弟姐妹们，我们即将一起出发，在华科大新闻学院书写一段共同的故事。接下来的几年，也免不了会是困难辛苦、焦虑烦躁的一段时光。

希望大家在"学在华科大"的氛围下,头顶的星空是家国梦想,心中的热血是投身科研,眼前的现实是服务社会。一百年前,梁启超在《新中国未来记》中写下"无端忽作太平梦,放眼昆仑绝顶来"的梦想和期望。如今,"为中华崛起而读书"仍旧不应该成为一句空话。"博观而约取,厚积而薄发",以开放包容的心态和批判审慎的思考行走在追求真理的雄关漫道上。

希望大家科学养生,热爱生活,严防死守"发际线"。繁重的学习科研压力是每个人都会面临的境遇,但不要让科研为你的怠惰生活而"背锅"。长期的伏案工作,再加上奶茶、外卖、烧烤的"围剿",颈椎病、肠胃病早已将魔爪伸向也不算年轻了的研究生群体。养成良好的生活习惯,练就强健的体魄,塑造过硬的心理素质,是我们一切学习和生活的保证。

我们无比的幸运,将在这座 1037 号森林里度过自己人生中最熠熠闪光的岁月。"秉中持正,求新博闻",是每一位华科大新闻学子的思想指引,纵使有一天终将告别,这座精神灯塔也将永远闪光。

大学是一场背负信念的现实主义冒险
——2019级本科老生代表赵冉在2022年开学典礼上的发言

• 赵冉[2019级新闻学专业（新闻评论方向）本科生]

时光真是难以捉摸，记得三年前刚来武汉的那一天，我骑车从东湖绿道进入学校，然后从"爱广"扛着巨大的行李袋进入宿舍，亲身体会到了武汉"火炉"的威力。晚上，我和新结识的朋友沿喻园大道走了个往返，1037号森林弥漫着一股青春的劲儿，感觉好生惬意！自此，我未来的四年，与这片土地和身边的这群人结下了不解之缘。

写这篇稿子的时候，我把大学记忆回放了一遍，搜寻生活缝隙中夹杂的感悟。耗时良久，我才厘清脑海里杂乱的思想。

刚步入大学，大家一定都在寻找自己的定位。就惯例而言，我们新闻与信息传播学院的学子一定会自诩"新闻人"，或者是"广播电视人""广告公关人""播音主持人""新闻评论人""网络传播人"等。我们被"秉中持正"的新闻理想感召，汇聚在这里。但我想说，不必急于确定答案！生命里潜藏着无数可能，我们可以成为任何人。新闻传播学的教育，带来的更多的是一种开放的世界观而非某种程式化的方法论——你可以成为一个关心时事的老师，用理性教育学生们书写故事；你可以成为一个"百科全书式"的学者，因为新闻传播学是站在十字路口、拥有许多可能的学科；你当然也可以成为一个创新的科学家，靠活跃的思维设计出轰动世界的产品。但这一切，都需要自己的能动性，需要不断理解、适应这个复杂的社会，并为自己找到合适的位置。社会学家戈夫曼曾说：人生是一场表演，社会是一个舞台。你可以寻找到并扮演好属于你的角色。

众所周知，大学是知识的殿堂。学习，是大学期间最重要的事情之一。

首先，要对知识敬重，学会如何学习，用人类璀璨的文化淬炼自身。未来，我们将要面对高度竞争的就业市场环境，所以理应提前为自己的未来做好规划，多学些自己喜欢又有价值的东西。不过，千万不要本末倒置，让自己变成了光鲜简历的奴隶，毕竟完全不喜欢的事情基本不可能做好。

其次，要广泛阅读，积极摄入理论知识，把握抽象思维，力求站在巨人的肩膀上思考问题。前几天，有人和我说，自己经常发现一些社会规律，但是后来一查发现早有人提到过,就觉得很没劲。我说,恰恰相反,这证明你有了独立思考的能力,并因此和许多伟大的思想家产生共鸣,这是一个可喜的开端。因为这种共鸣能够给自己带来快感,为自己的进步提供动力。借着这个苗头继续深入,未尝不能成为一个深邃博学的人!

最后,要积极投身观察和实践,从经验现实归纳,培养辩证的逻辑能力。其实也许你会发现,许多大家习以为常的观点往往是错误的,世界并不是一个完美的构想,真理和真相需要自己探寻。

大学,是校园与社会的交接地带,如何适应社会并承担责任,同样是贯穿整个大学的问题。新闻与传播学隶属于人文社会科学,它面向社会,讲求科学,注重人文。在修习专业课的三年中,我也深深感受到身边同学的社会责任感。他们为人民的权益奔走呼吁,为后真相时代的社会议题重塑理性,从百态民生中发掘真情和趣味。我希望大家能够持有一种人道主义的立场,关心人类的苦难,关照边缘群体,反对不平等,力图让社会变得更加美好。我们需要身体力行,用知识改造社会。我们必须思考,究竟要进行怎样的表达实践,才能肩负起我们的责任,反哺养育我们的社会。

我们生活在一个充满风险的世界,自我保护是必不可少的。2020年初暴发的疫情让我们警醒,原来危急灾害并不遥远。即便在日常生活中,诸多变动与不确定性也会困扰我们。大一的时候,班主任刘杰老师给我们答疑,有位同学递了张纸条,询问如何与孤独相处。这是一个很现实的问题,在高速流动的社会中,我们许多人都不得不与亲友分离,不断接触新的人和事物。刘老师的回答是:孤独是人生的常态,我们必须学会与之相处。我认为,大学是一个逐步走出象牙塔的过程,我们要为自己打造坚硬的盾牌,在战斗中脱离襁褓。总之,我们需要直面人类社会的危机,把握机会与命运。

我们可能会成为信息媒体的专业人员,正因如此,我们更应该警惕技术乌托邦。我们不能指望用技术解决一切问题,相反,要时刻准备应对新的问题。我们虽然是信息的创造者,但在某种程度上也是"缺乏自控的"消费者。娱乐至死,我们不能在互联网的"美丽新世界"中迷失。多出去走走,关心身边的朋友,加强锻炼,保持身体健康,虚拟世界终归不是我们的全部。

我们当然会遭遇很多挫折。尤其是在人际交往方面,矛盾往往是难以避免的。我们要树立一个基本的原则——善待他人,站在他人的立场思考自己的行为恰当与否。我们要坚守底线,真诚待人,但遇到某些冲突时也要暂避锋芒,在人生的低谷重拾信念。就我而言,每次心灰意冷时,我总会想起维特根斯坦《文化与价值》中的那句话:"一个人可以不相信自己的感觉,但是不能不相信自己的信念。"

大学是一个全新的"场",有很多规律和秘密等待我们去探索,因此,我们需要弄清楚自己想要什么。大学的生活有时难免遇到挫折,这很正常,试错是无法避免的。好在我们有自由的时光,可以积极地社交,寻求老师们的指点,深入自己的兴趣!我们应当结合个人情况不断地尝试,并进行经验的总结。通过这种方法,我们逐步认清什么是自己真正渴望的生活。在这个意义上,大学是收集与整理的阶段。我们也可以广泛听取他人意见,但应该学会分辨,什么是诱惑和指责,什么是建议和忠告。前者扰乱我们的心思,让我们陷入内卷和盲从的境况;后者虽然逆耳,却真诚可贵。我们要对一切持辩证批判的态度,但切记,不能让头脑的丰盈遮蔽了我们的目光——我们要始终对经验现实保持开放包容,而不是对世界做非黑即白的抵抗。

最后,我想说,生活不是为形式主义的日程表打钩,而是一场背负信念的现实主义冒险。如何做好一个人,是我们一生追求和诠释的目标。

转换身份，重新出发
——2018级硕士老生代表张智鹏在2022年开学典礼上的发言

张智鹏(2018级广告与媒介经济专业硕士生)

不知不觉中，我已经在新闻学院度过了六年时光，接下来是第七年。回望过去的华科大岁月，越来越清晰地看到一条自己的成长路径，也越来越意识到在这个过程中华科大于我的重要意义。一所高校就像一个人，有她自己的性格特质。一直以来，华科大都给我一种沉稳内敛、务实求进但却不会有凌人锋芒的敦厚感。在这样的环境下成长，我的行事风格、性格特点和思维方式都越来越多地显现出受华科大影响的痕迹，而我也逐渐从一个挑刺找毛病的外人变成一个常把"我科"挂在嘴边的 HUSTer。我们在华科大生活的各种细节里感受她的独特气质，并成为她未来气质的一部分。

又是金秋，看着校园里多出的鲜活而稚嫩的面孔，我不禁回想起两年前的自己，也回想起这两年来的一些经历和变化。

刚进入研究生阶段的同学容易在实际生活中去找寻自己脑海中想象的研究生生活，结果往往感到或多或少的失望。所以我觉得首先要对研究生有合理的想象和定位，做好从本科生到研究生的身份转换。积极主动、灵活合理地对自己的研究生生涯做一个大致的规划，在这个过程中要多与自己的导师沟通。

其次是要持续地探索自己的可能性。大家未来的生活往往离不开"研究"二字，但是做研究对于初入门的研究生而言并不是件简单的事，学术思维的形成和研究方法的习得都是有难度的，有时挫折感会带来一些负面情绪。但是，如果我们在此过程中能再多一点坚持、多一些耐心、多给自己一点时间，或许一篇好的论文就离我们不远了。在学术研究之外，大家理应有自己其他的生活，除了图书馆这个朋友，我也非常建议大家多和运动场交交朋友。

最后是保持对生活的热情。在去年院里的国奖分享会上，一位博士师兄将其在读期间的全部感受概括为"学会生活，学会思考"这八个字。他说，人首先要学会生活，其次才是作为一个研究生要学会思考，他以自己的导师张昆老师为例。张老师常常陪夫人逛街、看电影，在晨光中漫步校园或在东湖边锻炼,这样的生活热情让人总能保持一种积极阳光的心态去面对每一件事。我想说,做学术并不是我们未来生活的全部,当我们感到有些疲倦的时候,不妨停下来去看看平时被我们忽略的美景和身边的人,只有对生活本身保持着热爱,才能将做学问真正融进我们的生活,成为我们生活方式的一部分。

华科大的校园很大,足以包容不同背景、不同性格、不同发展道路的每一个人,也足以为大家提供一个飞得更高、走得更远的机会和平台,每一个心怀理想的人,在这里都不会失望,就像行走在华科大棋盘式的道路"迷宫"中,只要知道方向,就不会迷路。唯愿大家在未来几年里,不忘初心,保持热情,待到离开时,只留下足迹,不留下遗憾!

2

相遇手记

蓄谋已久的热恋

罗妍雨（2022级播音与主持艺术专业本科生）

"该怎么形容你与华科大新闻学院的相遇呢？"

"这就像是一场蓄谋已久的热恋。"

在高中的时候，班主任老师给班上每一位同学发了一张纯白的卡片，让我们写下自己的目标院校。当时的我，拿着红笔在卡片正中央写下了"华中科技大学"，并附上了一句"日拱一卒无有尽，功不唐捐终入海"。在满满当当的志愿墙上，在花花绿绿的卡片中间，我的这张简单、干净，就像是我对华科大新闻学院的向往，坚定而又纯粹，并且很幸运地被贴在了正中间。自此，我开始朝着华科大一点点靠近。

在长沙参加艺考集训的时候，班上的同学都会亲切地称呼我为"华科大女孩"。每次失误过后，艺考老师也会用华科大的录取要求来鞭策我。日复一日的艺考集训是比较辛苦的，每天早起练声上课，晚上十点半课程结束后开始进行段子对战、即评对战，一直到凌晨，然后便开始每天的小组讨论或练习，集思广益完成当天的即评任务，因此到两三点休息是常有的事。除此之外，还有才艺的练习、笔试的复习等。手掌挨过的每一次戒尺，腿上留下的每一道伤痕，都是为了那一句"我要去华中科技大学！"

艺考面试那一天，在候考的走廊上，我脑海里回荡的一直都是"华科大"。我鼓足勇气，调整状态，走进考场，完成了最满意的一次考试。出考场后，我的艺考老师知道我的面试成绩之后，一把把我抱住："妍雨，咱可以去华科大啦！"刹那间，灰蒙蒙的天都敞亮了许多。回去之后，我不敢松懈，继续埋头苦干，复习第二天的笔试。人生就像是游戏通关，总会在半路遇到一些小怪兽。拿到笔试试卷的那一刻，看着那些意料之外的新题型，心气儿瞬间低了下来。在自己最擅长的部分遇到始料未及的变故，当时的感受真的是一言难尽。在等待出分的半个月里，我一直都在懊悔当初应该多看一看，多想一想，多准备一点。出分数的那一天，班主任找到我询问我的分数，而我当时整个脑子一片混乱，准考证号输一遍错一遍，无奈之下只能等回家再查。班主任当时告诉我，学校里面其他学播音的学生普遍都排一两百名，我有些错愕，但更多的是紧张。如果我和他们是一样的名次，那我当如何，满腔的热忱又该如何。回到家后，第一件事便是打开手机，看着艺考老师们给我发来的那十多个小红点，兴奋却也忐忑。直到我看到最后连着的几个感叹号，我点了进去，240分！湖南省第54名！虽然成绩不算特别高，但刚好达到了华科大的播音专业分数线。

第一关结束之后，我便开始潜心迎接高考。那几个月里，我和班上同学们的作息截然不同。他们晚上熬夜，课间休息，而我晚上早睡，课间跑去办公室。由于特殊原因，之前有将近一年多的时间没在学校上课，所以功课还是落下了不少，我只能一点一点慢慢拾起。从数学到历史、政治、生物，每个老师的办公室每天都被我跑了个遍。上自习课的时候，我便搬一张凳子坐在老师旁边接受辅导。但人生总归是有不如意的。看到高考成绩的那一刻，我坐在车上，只是把头撇向一边，一直望着窗外，眼中噙不住的泪水夺眶而出。到头来，感觉一切都像是回到了最初的模样。华科大可能就真的只是梦一般的存在了吧……

但好在上天还是眷顾我的。我的艺考老师在出分之后，一直帮我打听咨询各种机构的学生的意向志愿，帮我做了全面而又详细的志愿调查。尽管这是一场豪赌，但很幸运，我赌赢了。

2022年9月，我来到了梦中情校，曾经那个被人称为"华科大女孩"的人，如今成为真正意义上的"华科大女孩"。这一年多来，我一直在进步，在蜕变，在成长。在华科大，在新闻学院，我也收获了很多。遇到了"女神"班主任媛姐，甜美可爱的"导儿"，还有一群志同道合的朋友；主持了人生中的第一次科创竞赛，成为华中科技大学首届全球校友创新创业大赛总决赛初创组的主持人；组队参加了"科技强国"大学生创意作品竞赛（简称"大创"），不可思议地成为项目负责人；和大家一起组织了运动会、十佳歌手大赛等。看着院里的同学们在我们组织的活动中大放异彩，真的是满满的幸福感。除此之外，在不同的小组作业中我也结识了不同的朋友。历时两个月一起完成"马新观"的板报，一起创建了"谈笑疯生"的账号，学着自己写脚本、拍摄、剪辑和运营。不仅如此，播主（播音与主持艺术的简称）2201班的同学们也非常可爱开朗，我们一起军训、一起"pre"、一起团建吃饭吃小蛋糕等，每一张照片都是快乐留下的痕迹。在弥足珍贵的青春里，遇到了他们，实乃人生幸事。

因为来得十分不易，所以十分珍惜。过去不敢做的，现在在慢慢尝试；过去已经会的，现在在试着创新。所有的努力都是希望对得起当初的满腔热忱。

  同时，为了让更多人了解新闻学院，也为了帮助更多人走进他们的理想院校，我参加了2023年暑期的招生志愿者工作。在一周的时间里，不管是当面交流，还是微信联系，抑或是电话沟通，每当我听到"姐姐，华科大招历史类考生吗""华科大有哪些比较好的历史类考生可以读的专业"，我都会自豪地告诉她们："当然有啊，比如说新闻学院！"当我听到他们的回电"我决定把华科大作为第一志愿"的时候，欣慰与喜悦油然而生。

  过去有幸收到华科大的录取通知书，如今享受到新闻学院的优质资源，也期待着未来在新闻学院的高光时刻，更希望自己能成为新闻学院的骄傲！

  这一段相遇，是蓄谋已久，是落子无悔，更是念念不忘，必有回响！

与新闻学院只若初见

彭浩淇（2022级传播学专业本科生）

人生是一条单行线，经过了便不可再返回，所以何其短暂，何其珍贵，所以我们都希望能找到合适的方向。我们会在不确定性面前无可奈何，在多样的选择中犹犹豫豫，表现出来的是迷茫。说起我和新闻学院的相遇，或许可以用冥冥之中自有安排来形容。

我们的故事可以用写文章来比喻。"文似看山不喜平"，起起伏伏，波波折折，柳暗花明，兜过一圈又一圈，发现原来一切都是最好的安排。起于对专业的一见倾心，波动于梦想是否能够实现，相知于不曾间断的探索，热爱于发自真心的向往。

前　奏

因为自己是一个拼搏向上、喜欢冒险和挑战的人，加之又对科学技术和财经政法感兴趣，在高考结束以后，我就尝试着去追逐下一个浪潮，渴望站在浪潮之巅。我分析我有此等想法的原因有两个：首先是因为踏入华科大，是我经历了前18年的辛苦奋斗，才从乡村中历经磨难，在高考绽放了希望之花，所以我对待自己的过去、当下和未来十分珍重，希望严谨务实，不留遗憾；其次，由于自己是全家甚至全村的希望，无论是亲人还是外人，都希望我能够出人头地，获得物质和现实意义上的成功。在收集了各方信息之后，我觉得可以凭借自己的才能去打拼出一片天地。我的初心是报工科，进行科研创新或者在商业领域创业、就业。

初　见

传播学（计算机双学位）这个专业很好，我在看到这一专业的时候就动心了，将它纳入我的志愿填写方案，但是在填报时，我还是希望去冲一冲当时我认为最有潜力的方向，于是将它放到了第3个志愿。或许这就是缘分吧,在 8 月的某一天,我收到了录取结果,正好是这个专业。当时我的心里是比较欢喜的,因为我是一个闲不住且渴望能充实自己的人,绑定好的双学位给我带来稳稳的进步感,况且这两部分的内容我都挺喜欢。计算机是时下热门,具有的发展前景自不必多说;网络传播又是我十分感兴趣的一个领域,因为喜欢对生活进行观察,喜欢阅读和思考,使得我对现实有更多的感知力和发现。

犹　　豫

因为我们这个专业设置比较小众,虽然说在高考填志愿的时候查了很多资料,也用了很多的决策工具,但是依然会在那一段时间不断地问自己的内心:我选对了吗?

青年人就是这一点好,当他们有疑问,对未来感到迷茫的时候,他们有闯劲和干劲去探索、去追求。另外,满足了一些条件后是可以转专业的。为了去探索我真正喜欢的是什么,我去学习了高等数学、python 语言、线性代数、四级英语,并去查阅了相关毕业生去向资料和专业的深入介绍。通过体验他们的学习生活,了解未来的就业可能性,初步明确了自己可能喜欢的方向。

探　　索

新生一开学我便参加了"启明考试",挑战最难的两个热门专业。多年的求学经历,让我习惯了严谨务实,对每一次机遇与挑战都会全力以赴。尽管我准备了很久,但还是落榜了。军训结束以后开始了正常的课堂学习,我去旁听了人工智能和计算机专业的课程。与此同时,我去分析和查看了它们的培养方案,并分析与我们专业的异同,通过学长学姐进一步了解了我们传播学的内容和未来方向。慢慢地,我对华科大新闻学院传播学的理解从感性认知变成了理性认知。在大一上学期,我积极尝试了各种各样的体验:参加了科研和竞赛,认真学习,举办了一些活动,提前去工程实训感受,与不同专业的同学和老师进行交流。

经历了凡此种种,在大一上学期期末的时候我认识到:原来一切都是最好的安排。

相　　知

　　回顾和总结大一上学期的探索，我发现其实自己的动手能力并不是很强，而且内心一直都喜欢关注现实问题，渴望用社会科学的方法去为社会做更多的贡献。同时正是因为自己学习的是文工交叉复合型的专业，我也慢慢开始从一些之前没有想过的角度去思考。这是我第一次深刻意识到，单纯学技术是有很多的局限性的。

　　在课堂上，当我聆听老师精彩纷呈的观点、感受国际化视野时，我感受到信息传播是那样美妙有趣。在参加"全球治理·东湖论坛——国际正义与全球治理"国际研讨会时，我发现自己对国际治理和信息传播是有偏好的。后来在参加"大创"项目中，更是感受到了运用自己所学知识带来的欣喜和荣誉感。在一次次担任学生组织负责人、学生干部、小组领导人和"大创"负责人的过程中，我发现了自己的领导力，进而思考产品经理或许是一个非常适合我的岗位。

　　此外在日常的学习和生活中，我慢慢地融入了新闻学院这个大家庭，和老师、同学们建立了更深层次的联系，发现了我们学院的爱与温暖。我很荣幸也很幸运能来到这里。

　　慢慢地我终于明白，前往华科大的新闻学院并没有妨碍我最初的梦想，反而是让我在不知不觉中离最初的梦想更近了一步。在这里我认识到了自己的优势和真正的爱好，并明确了未来想要发展的方向。

相　　爱

　　我很爱我们的新闻与信息传播学院，在这里遇到了学识渊博、待人亲切的老师；遇到了活泼有趣、携手进步的同学；遇到了温暖有爱、互相关心的朋友；遇到了潜藏深处、放眼未来的自己。

　　或许人生就是这样吧，时空像个圆圈，我们兜兜转转终会相遇。踏实求真、坚守初心梦想、砥砺前行的人，时光绝对不会辜负他。就像我们学院的老师所说的那样，"无用之用方为大用"，每一分真诚和用心，都会在未来的某一时刻，给予你不曾料到的温暖。

　　这就是我与新闻与信息传播学院的相遇，是冥冥之中自有安排的结果。我背负着时光，踏着星辰大海向前进；她坚守着初心、理想，光彩耀人，终会吸引值得的人和事为她铸就一篇又一篇流传千古的盛世华章。

我 的 底 气

王行健（2022级广播电视学专业本科生）

第七届央视主持人大赛冠军邹韵曾说："生命见证过多少真实，付出过怎样的努力，我希望就会有怎样的底气。"这是由个人的拼搏奋斗日积月累汇聚而成的底气，是自我生产的结果。而我也时常在想，我的底气到底来自哪里？没有太多岁月的沉淀，没有奋不顾身的努力，甚至没有一个清晰的目标和方向，但我似乎从未失去过底气。

初入大学的我，并不像许多同学那样满怀憧憬，兴致盎然，我感到更多的其实是失去。失去了熟悉的环境、亲近的朋友、可以依靠的家人，失去了曾经的光环和瞩目，甚至失去了追逐梦想的坚定与魄力。我的底气，早已定格在过去的时间里，我比任何时候都更清醒地意识到"重新开始"的含义。随着与新闻学院的相遇，我慢慢有了新的底气……

"我们怀着青春热血，梦想从这里起航"，犹记开学初大家一起学习院歌的情景。坦白说，我从未对任何校歌、院歌有过"滤镜"，但新闻学院的《梦想》确实唱进了我的心里。大屏幕放着学院自制的MV，学长学姐在台上领唱，我们穿着干净的白T院服，手里拿着歌词有模有样，那是我第一次真切意识到自己真的成为一名新闻学子了。所有的感触都是瞬间的，却也是永恒的。我旁边的同学唱得很响亮，他很认真，很享受，可能是被带动的缘故，我慢慢把声音放实，也大声跟着唱了起来。"铁肩担道义，妙手著文章"，这是新闻人的追求；"追求真相无止境，我们一直在路上"，这是华科大新闻学子的方向。那一天，阶梯教室里的层层音浪，是我们送给新闻学院的见面礼，也构成了我最初的底气。

在之后的日子里，我认识了非常多的朋友，有的是因为班级、宿舍，有的是因为小组作业，有的是因为社团，还有的是几面之交后竟也成了朋友。渐渐融入一个新的环境，渐渐爱上一个陌生的地方，需要景、物、事，需要缘分，更需要人：从最美辅导员到一个个热心真诚的学长学姐，从相互理解包容的室友到一同并肩作战的小组成员，从一群温和博学的老师"大拿"到校园里碰到的任何一个让我突然感动的人。新闻学院时常举办各类活动，不断地以外力助推更强的合力，让本就松散的大学生也能找到自己的归处。师生茶话会、学长学姐交流分享会、专业分流指导会、学院趣味运动会等，数不尽的筹划，肉眼可见的周全。除此之外，还有迎新晚会、演讲比赛等众多文艺类舞台，让我们能有机会一展风采，共享青春。我幸福地接受着这一切，反复回味着，在习以为常中，"润物细无声"般汇聚着我的底气。或许有些人的底气来自自身，我的底气却来自一群人，是一种打不散的，关乎我身边每一个人的精神联系之气。

2022 年的冬天，疫情仍未散去。当时天寒地冻，大家的精神状态都比较低迷。朋友圈突然的刷屏倒让人精神了许多，图片上是一辆面包车，后备厢里装满了各种箱子，旁边是学院领导和辅导员们忙碌搬运的身影。另一张图片则是在宿舍的桌子上，摆着两瓶香飘飘、一堆暖宝宝，还有一个同学比心的手势。"全部免费，亲自配送，人人都有"，班长在群里喊着，我们在群里欢腾着。那一刻，我打开阳台的窗户，望着楼下交接的场景，寒风呼呼地刮着，却怎么也穿不透我暖暖的心房。现在每每想起也都不禁感慨自己是何其幸福。新闻学院带给我的感动远不止这一件事，它像是一个永动机，一直默默陪伴着每一个新闻学子，一定守护到最后一刻。这种纯粹的关怀和爱多落在我身上一分，我便多传递给世界一分，也多一分面对生活的底气。

在专业知识上，我也在新闻学院收获颇多。这种硬实力上面的底气，往往更让人充满信心。而最让我真切感受到这一点的是在这学期的中国语文课上。老师要求我们小组展示的内容围绕中国古代语文即可，我们另辟蹊径，决定从传播学的角度来分析中国古典语文在现当代的传播路径。当我们组展示的时候，我发现坐在教室后面几排的同学也抬起了头认真地听我们讲解，我顿时觉得我们至少在某种意义上成功了。回想起当时站上讲台的第一句话，"大家好，我们是来自新闻与信息传播学院的某某某……"，现在依旧是满满的骄傲和自豪。这种底气似乎已经化为无形的力量，支撑着我走向更大的舞台，走进人生真正的旷野。

在华科大的这一年里，我加入了许多大大小小的社团，每一段难忘的经历都是从"大家好，我是王行健，我来自新闻与信息传播学院……"的自我介绍开始，每当我说出这句话，都充满了自信和底气。不知从哪一刻起，我不再是那个只身闯荡、毫无底气的人，因为我知道，我的身后站着一群人，我的身上载着一个学院的魂，而我的心中——底气无穷。

"被爱的家伙，做任何事都应该有底气。"我如此幸运，被新闻学院毫无保留地爱着，我的底气，从来不缺！

写于 2023 年 3 月 21 日

寻华中科技大学新闻学院历史

吴心杰（2021级广告学专业本科生）

公元2023年，华中科技大学广袤大地，我赞树蕙百亩，杂申椒纫茝，芳菲弥彰。"日月忽其不淹兮，春与秋其代序"，华中科技大学在新中国的朝阳中诞生，在共和国的旗帜下成长，在改革开放中腾飞，在新时代迈向一流。七十余年华中科技大学紧紧跟随共和国的脚步前行，亦伴新时代奏响的强音进步。聆新闻学院书声如潮，睹校园各处梦想绽放，已然，数十载春秋如白驹过隙，如今，你所看到的华科大的模样，就是梦想启航的模样。

你可知，连点成面，滴水穿石。曾几何时，共和国的发展推动新学校的建立，多方合作铸就高校成立；我们热泪盈眶，我们心怀希冀。为适应国家经济建设急需专业人才的现实需要，1952年11月，中南军政委员会根据中央关于全国高校院系调整的指示，决定在武汉成立华中工学院。华中工学院集中原武汉大学、湖南大学、广西大学、南昌大学的机械系全部和电机系的电力部分，华南工学院机械系的动力部分和电机系的电力部分，以及这些院校的部分基础课教师和设备，作为建校基础，开启高起点建设多科性工业大学之路。1960年10月，华中工学院被批准成为全国重点建设高等学校。秋末冬初，荆楚大地，华中工学院拔地而起，使命铭刻心中；科技当道，国强益强。1983年，华科大新闻学院创始，奉行"文理交叉见长，复合特色取胜"的宗旨，培养既有扎实人文社科功底又能掌握现代化传播技术的新闻人才，40年飞速进步，名扬四方。

你可知，凤鸟御霓，夜以继日。华中科技大学新闻与信息传播学院的前身是于1983年成立的华中工学院新闻系。1988年华中工学院改名为华中理工大学，新闻系建制不变。1998年4月，新闻系与学校现代教育技术中心合并组建为华中理工大学新闻与信息传播学院。2000年4月，华中理工大学与同济医科大学、武汉城市建设学院合并组建，并命名为华中科技大学，学院亦改称为华中科技大学新闻与信息传播学院。当"新传"之鸟夜以继日蓬勃生长、焕发生机，其翅膀卷起的暖流便阻断理工类院校不能办起人文社科学院的论调；当四十载的调整与合并造福一方，我们抒写新闻赞歌。

你可知,路漫修远,年岁未央。望前潮浩荡,处广袤天地,身为"新传学子"的我们,虽观念思想与四十年前的奋斗者们迥然不同,然"志合者,不以山海为远"。1998年,学院正式提出"实行新闻学与传播学并重,人文、社科与信息学科大跨度交叉,传播文化与传播科技紧密结盟,培养既有扎实的人文、社科功底,又能掌握现代传播工具的现代化新闻与信息传播人才"的学科发展和人才培养新思路。四十载运筹决胜,四十载风雨兼程。这一辈,我们啊,在新时代的和风下,必当令青春韶华如夏花绚烂馥郁,将荣光铭于赤子之心。

"功以才成,业由才广。"高扬五星红旗的共和国一代,远离了战火,告别了动乱,未必血洒疆场,轰轰烈烈,却依然以梦为马,炼锋芒利剑,上下求索。华中科技大学新闻与信息传播学院1983年建系至1991年,为初创特色阶段。这一阶段,确定了"应用为主,文理渗透"的办学方针。作为全国第一个以理工科为主的高等学校创办的新闻系,华科大的新闻业务课教师几乎全部来自新闻实务第一线;在课程设置上,在全国新闻学专业中最早开设"高等数学""自然科学概论""微机原理"等课程,1984年招收第一届新闻本科专业学生。华中科技大学新闻与信息传播学院传承了华工老校的优良办学传统,今日之新闻学子,只有不悔璀璨年华,共赴旖旎之途,才能化身新时代中国传媒行业的中流砥柱,将沉重岁月的轮印推入未来的康庄大道。

1983—2023年,四十载春秋而后沧海桑田,"华科大新闻学院"之名大行其道,锦绣新传,浩浩汤汤。共和国呼唤大作为,新时代需要新担当;芷蕙馨香终弥散,新闻学子当轩昂。我将无我,不负韶华,不负人民,不负时代,而伟大的时代与强大的国家又赋予当代华科大新闻学院更多的机遇与梦想。屈子壮志于今酬,"秉中持正,求新博闻"的奏歌定当伴新时代并行,与华科大同光。

华科大的树

刘荣榕（2022级广播电视学专业本科生）

这个学校总是有很多的树。

我常常这么想，也确实如此。从航拍视频里看，华科大的教学楼像是荡漾着的绿色波浪间的白云石。高高矮矮的绿堆积成了有厚度的云朵，风一吹，又成了一层一层地荡漾着的波浪。俯视角度下的华科大，一条一条的道路和绿荫，或许可以说像一个巨大的棋盘。有时骑车行驶在道路上，即使暂时走错了道路，也能循着规律又绕回来。因为华科大的道路就是横平竖直极有逻辑的，树和道路也总是相伴的。

我日复一日地行走在这个校园的道路上，也日复一日地，路过很多的树。入学的时候是夏天，那时候并没有注意到华科大的树，更多的新奇来自像城市一样的道路建设，学校好像一个小小的城市，我这么想着。宽阔的道路，道路上疾驰而过的一辆又一辆电动车或自行车，路灯直立在这宽阔道路的两侧，路的高处又有立交桥横贯而过。此时的树仅仅是道路旁的点缀，平平无奇，熟视无睹。后来很多次，我在夜晚时骑着电动车驶向宿舍，有树的地方的风总是格外凉爽，风呼啦呼啦地从我耳边吹过，于是我感知到了树的存在。在刷过"门禁"走进南大门时，看见那条长长的绿荫道，我常常会想：这些格外高大的树，恐怕已经存在了好多年，是建校时候就种下的吗？无论如何，这一段路都成为我对华科大记忆的一个构成部分。无关紧要，也美好异常。很多很多次，我在阳光很好的日子里会抬头看枝叶的缝隙间零落的光斑，或是在夜晚归来时抬头看被树叶的形状裁剪出来的一片又一片夜空。当我抬头，仅仅注视着上方的叶与枝时，会觉得自己置身于森林。树总是如此，总是在那里，而背后的天空像是投影的幕布，不断地轮换改变，上映着新一天的电影。

南大门门口的这一段路铺满了灰白色的路砖，不像其他的道路一样是用柏油铺成的。因此每当我骑车经过这里时，车总是会略微随着路砖的起伏而小小地颤动，这颤动却也正像每次走过这段路的心情一样，带着微小的雀跃，无论方向是向校外还是校内。当我向校内驶去时，常常与人擦肩而过,当我离标着南大门的棕红色路牌越来越近时,总会发现有校车停在那里,停在路牌下,停在林荫间,等待着一车又一车的学生并将他们载回学校的各个角落,或教学楼或宿舍或食堂。这一段路在我回校时是一个过渡:从地铁站口出来,眼前的景象从武汉几十层的高楼变成了很多很多的树,三三两两的学生散落在棋盘似的道路上,穿过这一片安静的森林,我又回到了熟悉的校园。而当我向校外驶去时,这一段林荫路总是给我轻松的心情,然后我带着这轻松的心情上路。

  武汉也常常有雨。客观来说,武汉的雨大多都不怎么轻柔,总是伴随着一阵阵的狂风,发了狠劲似地拉扯着树木,不管不顾地掀翻行人的雨伞。雨伞也遮挡不住的雨水黏糊糊地附着在皮肤上,凝固而不流动的闷热侵袭着室外空气的每一处,泥点、积水在不知不觉的时刻攀爬上裤脚。空气中是湿润的气味,也许掺杂了一点泥土的味道,也许有被打湿的树叶的味道。到寝室换下被雨水浸湿的鞋袜,从窗户向外望去,风还在刮,雨还在下,天色渐渐变暗,电动车的灯光被打碎混合进了地面的积水,光的碎片随着水波的起伏跳着奇怪的舞蹈。那些树还在摇晃着,摇晃着,被雨水刷上更深的颜色。雨停之后,有时会从树下路过雨水的降落点——残留在树叶上的雨水蓄积得越来越重,终于压弯了叶片从高空坠落下来——啪嗒,然后消失了。

  学校的树有什么特别的呢?

  无数的墙砖与铁制的围栏勾勒出学校的轮廓,这些标志着"范围"与"界限"的事物旁边好像也总是有树相伴。这些树是不是在某种意义上也象征着一种陪伴,一种守卫?树是最平常的,即使将目光投向校园以外,也总是能在路边看见树的身影,有规律地排列在道路的两侧,但似乎并没有那么高大。夏天的日光还是肆无忌惮地灼烤着地面上的行人,再加上有那些繁华的高楼做对比,外面的树也实在显得有点渺小。我好像记不得城市道路边的那些树,每一棵好像都一样,每一棵都被我匆匆地路过了。我却记得校园里的那些树,因为它们和我的生活相连。从各校门到宿舍或是到教学楼、食堂的几公里,都需要用记忆的画面来辨认路线。高矮不同的树总是和其他的地标一起拼凑成画面,一张张画面又连接起来成了一条熟悉的路线。

  这些树偶尔也带来惊喜。东九楼前的玉兰花绽放时,那些上下课路上被熟视无睹的树突然从余光中跃出,抢夺了人们大半的目光。粉白色的花朵旺盛地绽放在枝头,平时冷落的草地上开始汇聚三三两两的人群,他们用相机定格生命绽放的美丽瞬间。老人与孩童站在树下欣赏着花的美丽,下课后的学生的心情也被这一分轻盈的美丽点缀。平常之中突然开出了惊奇的花朵。

　　因为这里总是有很多的树，所以无论是教学楼的窗外还是宿舍的窗外，窗框里大半部分的画面都被树占据——窗框里的画面也无非是树和路，以及路上的行人与车辆，路旁的建筑，树外的天空。春去夏来，树叶从绿变黄，向枝头告别，光秃秃的枝干寂寞一个冬天以后又迎来叶的新生。有时有花，花期的实际长短也不定——这种事总看天气。树明明是在过着自己的生活：春夏秋冬，发芽开花又落叶，年复一年，却成为我在华科大的生活的构成部分。

　　在这个学校的生活其实就像这些琐碎的时刻一样，偶尔有狂风和骤雨，但每当我抬起头，那些树总是在那里，等待着我一次次地走出校门或是回到学校。我的车总有一天会再驶过南大门口的那条砖路，然而最终驶向树以外的生活。我想，我们见了这么多面，这些树一定会祝福着我的人生，就像我也喜爱它们生命的平静与热烈一样。

二、求新博闻

朝暮之间，葳蕤生香，玉兰花开又是一缕芬芳，一寸寸光阴耕耘春华秋实。伏案疾书有我，奔走一线有我，矢志不移有我，一往无前有我……我是数百名新闻学子，敦品立行，砥志砺学，在理想之路求索。"秉中持正，求新博闻"的院训自舌尖烫过，从此这八个字的重量是我将用终生追寻的梦想。

1

新闻青年

王一苇：生逢盛世，重任在肩

王一苇（2020级传播学专业硕士生）

首先，请允许我代表全体研究生，向我们深爱着的华科大道一声：生日快乐！

回顾在华科大的求学时光，留在我记忆深处的，是学校"明德厚学，求是创新"的校训精神，是老师们的谆谆教诲，是同学间的深厚情谊，是在华科大度过的点点滴滴。在这里，我成为更好的自己！

在华科大，我们心怀"大我"，赓续红色血脉。华科大是中国共产党依靠自己的力量创办的大学，"党旗领航"一直是学校最靓丽的底色。深受学校红色文化的熏陶和感召，在2020年疫情初期，我主动报名成为武汉校友会的志愿者，先后在汉阳国际博览中心、武汉雷神山医院等参加疫情防控工作，用实际行动践行自己的入党誓词。读研期间，我被推荐选拔为全国"青马工程"学员，主动学原理、树理想，让信仰的种子生根发芽；我们相约"青马学员说"平台，用青年话语分享党史学习心得体会，带动广大青年听党话、跟党走，让党旗在青年群体中高高飘扬！经历这些，我更加明确了求学的意义，也更加坚定了要回报祖国、回馈社会的决心。谢谢您，亲爱的华科大！是您引导我们扣好了人生的第一粒扣子，教会了我们如何选择正确的人生方向！

在华科大，我们锐意进取，主动站到创新最前沿。创新是华科大发展的不竭动力，创新也已经融入了我们每一位华科大人的血液。华科大研究生积极参加"互联网+""挑战杯"及中国研究生系列创新实践等赛事，在实战中培养创新意识、提升创新能力；研究生群体在智能制造、生命科学等重大科研攻关领域发挥青年生力军作用。学校创新人才培养成效显著。作为新闻学院的研究生，在学院"文工交叉，应用见长"的培养下，我们既有专业的新闻传播素养，也具备大数据、信息挖掘等专业知识，我们努力成为具有创新精神的复合型人才！谢谢您，亲爱的华科大！是您提升了我们的创新能力，教会了我们如何在科技创新的赛道上奋力奔跑。

在华科大，我们实学实干，把论文写在祖国大地上。本科毕业后，我选择去新疆支教，我们4个人的小分队，一共承担了16门课程，教学覆盖了学校的48个班级，在学校各项比赛中累计获奖10余次，看到学生眼里闪烁的求知之光，我们也感受到了育人的喜悦。像我一样在西部锻炼的志愿者有750余名，他们都在为祖国建设贡献着自己的青春力量，他们也带着基层淬炼后的信念与热血，奋斗在祖国的各个角落。2021年暑假，我前往中国文明网实习，参与"中国好人榜"的筹备组织发布工作。102位中国好人或敬业奉献，或助人为乐，或诚实守信，他们在平凡的岗位上，通过持之以恒的付出，创造出不平凡的业绩。这一点深深打动了我，我深知，唯有坚持不懈地努力才有可能促成质的飞跃，我努力把每一步都走得更稳更踏实！谢谢您，亲爱的华科大！是您培育了我们潜心治学的品格，教会了我们如何把论文写在祖国大地上！

生逢盛世，重任在肩。我们即将迎来党的二十大，我们定将牢记习近平总书记的嘱托，立大志、明大德、成大才、担大任，努力成为堪当民族复兴重任的时代新人！

在这个喜悦的时刻，我们想对华科大再说一声：生日快乐！也再次感谢华科大的辛勤栽培。请华科大放心，荣校有我！请祖国放心，强国有我！

李仪[①]：与学院携手，撷取时代之光

李仪（2022级传播学专业硕士生）

美丽的喻家山下，醉晚亭旁，一个有着许多美好故事的地方，我们今天在这里相聚，重温师生情、校友情。时间镌刻不朽，奋斗成就永恒，四十年砥砺奋进，一代代新闻学子肩担道义、笔书华章，共同镌刻着学院风华正茂、温柔坚毅的面庞。如红日东升，如大潮奔涌，如长风浩荡，向上向前的力量蕴藏在学院每一寸生机勃勃的土地上，向着未来无限伸展。

时间前行不舍昼夜，联结着过去和未来，铭记着光荣与梦想。我想，无数新闻学院前辈们就是在这里，完成了人生大课的启蒙与发轫。每一个在这里求学的新闻学子，都有自己对学院的记忆，对我来说，新闻学院给我留下了深刻的印象：亲切活泼、严谨务实。

新闻学院的老师们是多么亲切，这种亲切是对五湖四海学子的认可和接纳，是一种无私的教诲。而说到新闻学院的活泼，我更认为它是一种朝气，是青春的飞扬和经过时光打磨的成长。我还记得最常去的院系305办公室，在那里辅导员们不厌其烦地回答着每个同学的问题；还记得开学典礼上，老师们苦口婆心地叮嘱学生注重学业，全面发展；还记得在趣味运动会、师生羽毛球赛、党建晚会上，我们娱乐身心，激荡青春，紧紧团结在一起，让新闻学院变成了我的第二个家。

何其幸运，在学院的支持下，我在专业课堂上辩白真理、勤练本领，在党支书、学生党务中心主席等岗位上增长才干，开阔眼界。本科毕业后，我加入华中科技大学第23届研究生支教团，前往云南临沧支教，教学任务以外，我还在服务的蚂蚁堆中心完小组建了第一支童声合唱团。晚饭后，我和孩子们聚在树下心无旁骛地歌唱，在那一刻忘记了眼前巨人似的大山，一个个渺小的"我"在浩瀚天地间找到了慰藉，也让歌声成为我们最好的羁绊。

严谨务实是新闻学院坚持了四十年的优良作风。在马克思主义新闻观统领下，我们在每一堂课中锻炼"坚实的脚力、明亮的眼力、睿智的脑力、深

---

① 李仪，新闻学院40周年院庆研究生发言代表。

耕的笔力",挑灯夜战、字斟句酌;在一次次推敲磨合中,我们积累沉淀,仰望着优秀院友们的身影,不断迸发。"国家传播战略研究院""中国故事创意传播研究院""光明新闻创新实践中心",感恩学院提供的这些专业平台,让我们能近距离接触高水平科研、实践团队,在个人成长之路上走得更加坚定和稳健!

也许我们对学院的印象各有侧重,但有几样东西始终如一:严谨的院风,争创一流的气魄,每个新闻学子的情怀。育才育人,以传播大学之道;授学授德,方不负名校之风。在学院的培养下,一代代新闻青年奔流入海,奋楫扬帆,赶赴时代之约!

中国青年是朝气蓬勃、满腔热血的青年,我们新闻青年更是勇挑重担、勇做先锋的青年。国家对青年寄予厚望,青年亦当有所作为。

四十载惊涛拍岸,九万里风鹏正举。躬逢伟大时代,我们新闻青年要坚定理想信念,淬炼钢铁品格,勇立潮头、奋勇搏击,与学院携手,撷取时代之光!

汪司晨[①]：虚怀若谷，追梦前行

彭美茜[2021级新闻学专业(新闻评论方向)本科生]
蒋淑娴(2020级新闻学专业本科生)
刘彦宏(2021级新闻学专业本科生)

2021年11月11日晚，汪司晨站上校"三好学生标兵"终评展示暨优秀学子故事分享会的讲台，讲述着自己社会实践的经历：他与同学们跟随当地村干部，下田地、干农活、入深山、访村民。他从中见到了扶贫工作的艰苦卓绝，立志将自己的人生圆心牢牢扎在祖国最需要的地方，不断践行新闻学子的责任使命。

学习与学生工作：从容淡定，坚守初心

良好的时间规划习惯是汪司晨较好完成专业学习的关键所在。他说："在规定时间内完成好规定任务，效率再提高一点，就可以做比较多的事情。"这样简单有效的方法，帮助他合理规划、利用时间，并取得了不错的成绩。过去三年，汪司晨已连续三届获得国家奖学金和校三好学生奖学金，并最终获评校"三好学生标兵"(我校授予本科生的最高荣誉)。

专业学习之外，他还积极参与学生工作。当问及参与学生工作的原因时，他说："首先想的是能够给别人带去什么，而不是给自己带来什么，更不是给同学们增添负担。"这样一句简单的话或许便能折射出他服务同学的初心。目前，他连续两年获评校"优秀共青团干部"，获得校"优秀社会实践个人"和校学生会"优秀项目负责人"等荣誉。

为兼顾好学习与学生会工作，他会尽量提前几天把既定事务做好，余下的时间则便于灵活安排。此外，他还提到："其实，很多学生组织的工作内容和方法存在共性，在一定条件下能互通互鉴，进而提升工作效率。"

---

① 汪司晨，2018级新闻学专业本科生，校"三好学生标兵"获得者。

学科竞赛与实习：团结合作，砥砺自我

学习之余，汪司晨也参加了各类学科竞赛。他参与的"'英雄武汉'城市品牌塑造与传播策略研究"项目获得了湖北省第十三届"挑战杯"大学生课外学术科技作品竞赛特等奖和华中科技大学第八届"求是杯"大学生课外学术科技作品竞赛特等奖。此外，他参加了全国大学生广告艺术大赛并获得省赛一等奖。

谈到"挑战杯"竞赛的成功，他强调说："这个项目是我们整个团队思考后的产物，尤其是陈先红老师，为整个团队指明了方向，并时时刻刻给予我们富有远见和针对性的建议、指导。我只是队伍里面的一个成员，更多的就是一个'螺丝钉'的角色。"他认为，成功是团队合作的结果，自己做的工作微不足道，在老师和组长的带领下，大家各司其职，共同努力，项目才会取得好成绩。

在大三下学期的实习中，汪司晨选择到人民网舆情数据中心实习。他认为，人民网是全国顶尖的主流媒体，平台高，资源多，而且人民网舆情数据中心是全国数一数二的舆情机构，自己能在其中得到较好锻炼。"因为我这个人有粗心的毛病，但是在写舆情报告的时候，对细心的要求是高之又高，自己写作时必须慎之又慎。"他说道。实习中，他时常向指导老师请教如何审稿，如何精确地运用语言和标点符号，努力克服粗心的缺点。

保研与生活：张弛有度，步步为营

实习结束后，汪司晨旋即开启了保研之旅。他先后取得南大新传学院夏令营第一名，上交媒传学院夏令营学硕项目第一名以及清华新传学院预推免普新学硕项目（非本校）第一名的成绩，获得清华、南大、上交的推免资格，最终选择前往清华大学攻读硕士。取得这样的成绩是一件值得骄傲的事情，但他说："我获得这些学校的 offer，其实运气占了一些成分，我的水平并没有那么高。大家都是来自各大高校的顶尖高手，跟他们一起比，我心里面还是比较虚的，感觉自身实力还有很大提升空间。"

保研过程中，他和其他同学一样，也经历过焦虑与彷徨。他坦言，焦虑这种情绪很难完全排解，必须去经历、去承受它。"吃点夜宵，喝点咖啡、奶茶，都能适当排解焦虑。"他说道。不过这些并非"治本之法"，他认为，最重要的还是摆正心态，毕竟这是绕不过去的一个阶段，唯有经历之后，心理承受能力才会得到提升，自己也会有所历练。

武丹萍①：做新闻，找自己

卢奕婷[2021级新闻学专业(新闻评论方向)本科生]

2022年11月12日,"第十届范敬宜新闻教育奖颁奖典礼暨第八届新闻传播学科高峰论坛"在清华大学顺利举行。本届范敬宜新闻教育奖共评选出学子奖10名、良师奖2名、良友奖1名。华中科技大学新闻与信息传播学院2019级新闻学专业本科生武丹萍荣获"第十届范敬宜新闻教育奖学子奖"。

熟悉一座城市，热爱一种专业

2019年9月,刚刚踏入华中科技大学新闻学院的武丹萍是第一次来到武汉,面对眼前新鲜的校园环境以及相对陌生的城市,略显惶恐的她也充满了期待。

"高中时期我其实并不了解记者,所以大多数时候是以读者的身份来了解别人所建构出的这份职业的。"大一刚入学,她便选择成为校记者团文字部的一员,以校园记者的身份来尝试让自己慢慢与这份职业同频共振。

记者团的丰富经历让她在新闻学院这个大环境下渐入佳境,"在记者团一次次做稿让我慢慢喜欢上记者这个行业"。在华科大这样一个以理工科为主的环境中,对于学生记者武丹萍而言不可避免地会接触到自己陌生的领域与选题,"我只是觉得很新鲜,但我一点也不排斥"。从协和医生到飞流智能团队,对于新闻专业的她而言每一次采访都是富有挑战的"跨界",她会欣喜于自己认识了新的采访对象,同时也会满足于自己了解了新领域的专业知识。

2020年初,突如其来的疫情给武丹萍的大学生活短暂地按下了"休止键",可也正是那段居家的日子让她对记者这一职业有了更真切的认知。2020年初逆行援鄂的新闻工作者追踪患者救治、追问物资保供、追击疫苗

---

① 武丹萍,2019级新闻学专业本科生,"范敬宜新闻教育奖学子奖"获得者。

及药物研发,只为报道客观真相、回应公众关切。对于彼时刚上大一的她而言,那是新闻专业最鲜活的教育,在突发公共事件中,"记者第一时间在现场"作为准则也厚植进了她的心中。

在专业条线里扎根沉淀

做稿的时候她问过记者老师:怎样做到在一个专业条线里扎根沉淀? 得到的回答是"在不断地做稿中学习"。每当面对一个新的新闻现场,查不同话题的资料文献,和不同的采访对象对话,在反复的尝试中她在"新闻"这条路上越走越远,也逐渐形成自己的核心竞争力。

"在新闻行业实践越久,越明白自己有很长的路要走。"真假信息混杂的网络时代,对记者的专业素养无疑提出了更高的要求。指尖下的网络世界试图取代现场,以假乱真的谣言隐秘而迅速地在人群间传播。她说:"坚持真实和客观的准则,把握感情与理性的边界,这是新闻学院和过往所有的实习单位教给我的。"面对舆论场的众声喧哗,她选择始终保持清醒和独立思考的能力,发现问题的症结,对自己写下的每一句话负责。

愿有朝一日,相见于新闻一线

在澎湃新闻时事新闻中心九个月的实习,加深了她对"在现场"一词实践层面的感悟。"'7·20'河南暴雨,我们开辟全网求助渠道,为洪水受灾者发声,跟进救援进展;'3·21'东航坠机,我们第一时间联系各方专家、搜索查阅文献,透视和解码空难调查;'10·11'河北平山大巴坠河,我们直击现场、联络伤者,多方掌握搜救后续。"

现阶段作为实习生,武丹萍虽没能以"脚力"亲自抵达过一线现场,但在后方拨打的一通通电话里,她不止一次感受到记者手中"笔力"的分量。一次次通话背后所连接的,就是生活在身边的人当下真实的经历。被体罚致残的初中女孩、抱团取暖的病友、遭遇婚介"骗局"的受害者……"沉默的声音若不能以文字呈现,则会随着时间流逝得无踪迹。"她为自己能将一阵阵真实但细小的声音放大而感到欣慰。

然而,武丹萍也未尝没有起过因为工作强度过大而想要退缩的念头。"跟进最费心力的是'医保基金抗疫使用'的报道。几乎不具备任何行业储备和资源,一点点从零开始搭建知识体系,学习从官方文件和庞杂的数据中观察变化、发现端倪。"她用最原始的方式查号码、打电话,采访被拒,再打下一个,再被拒……挣扎半个月,最终得到一定量可采用的信息。正是这些看似烦冗且无用的循环过程给了她很大的职业信心。这次经历带给她最大的收获便是"信息是在行动中得到的,不靠等,更不靠瞻前顾后地想"。

"三两下风风火火装好行李,挖掘线索、查遍资料,赶往百千公里外的核心现场;裤脚沾满泥土走在山谷抑或丘陵,天南海北、田间地头,倾听真实但细小的声音。"这是武丹萍心中对未来诸多幻想中最明亮的一帧,不同于梦想的虚无缥缈,她正在用自己的一次次奔走将这样的场景一步步变得清晰与真实。

"若有机会成为一名真正的记者,愿未来在新闻现场见,在促进医疗事业发展、推进民生改善的路上见。"

艾弘毅[①]：每个人的心里都有一团火

王天伊（2021级广告学专业本科生）
张心怡（2021级新闻学专业本科生）

国庆假期的最后一天，艾弘毅才从家里赶到学校，有些风尘仆仆。大包小包的行李摆在桌边，中间还有一台摄影机。他抓了抓头发，然后开始讲话。

说起获得国家奖学金的心情，艾弘毅口中一直重复的一个词是"惊喜"。惊喜于大一、大二时的成绩不甚出众的他获得了曾经看上去遥不可及的荣誉，惊喜于与众多优秀的同学竞争最终获得了最后一个名额。

在艾弘毅国奖答辩PPT的第一页上写着四个大字——无问西东。他向我们介绍，《无问西东》这部电影大概是在他高三那年一月份上映的，当时元月调考的成绩并不理想，他有些灰心。但在看完电影后，他的内心仿佛被什么东西扎了一下，滚烫的血喷涌而出。"爱你所爱，行你所行，听从你心，无问西东"这句话给了他力量，更给了他坚持下来的理由，指引着他的道路。从转专业来到新闻学院，再到现在以获得奖学金的方式证明了自己在新闻方面所取得的成绩，坚持自己的热爱，勇往直前，是他始终秉持的信念。

当我们问他为什么要从中文系转到新闻系，并选择跨专业保研时，他一边扯着口罩一边思索，眼神游离至远处。他说最开始是通过自主招生进入华科大的，所以专业选择相对狭窄，怀揣着创作理想，他选择了中文系。然而梦想与现实之间总有落差，在认识了一些记者团的朋友以后，他内心的火苗被点燃了。新闻作为一种更现实、更直接的方式，更能实现他的个人价值，更符合他的理想。经过慎重考虑，他转到了新闻学院。

他将在教育科学研究院读研究生，虽然可能与新闻专业的接触会减少，但他还是打算继续坚持自己的新闻理想。"如果真的热爱，就不会没有时间。"他说会继续钻研新闻学相关的知识，并始终把成为新闻人作为自己未来的方向。

[①] 艾弘毅，2018级广播电视学专业本科生，国奖获得者。

克服困难的过程总让人难忘,比如在大一暑假调研新高考的改革。当他带领调研小组来到浙江时,各种考验随之而来。如何对接到理想的采访对象,如何获得拍摄许可,如何获得充足的调查样本数据……处处都存在着问题。他们曾凌晨起床,坐上大巴,摇摇晃晃了两三个小时终于到达山沟里的调研地点。他们也曾在暑气和潮气的蒸腾中来回奔波,分发问卷,拍摄采访。九所学校,几十位采访对象,六百多份问卷,无数条视频……形成了最终的调查报告。他们的每一滴汗水都没有被辜负:作为个人,他获得了优秀个人的表彰;作为团队,院级优秀项目是对他们的肯定。

广播播音用麦克风消毒箱是对麦克风进行收纳和消毒的装置,是艾弘毅在去年申请的专利。他的灵感来自疫情后返校上课过程中出镜记者报道的体验,话筒被多方借用带来的卫生问题在疫情的大背景下增添了更多风险。他双手做出一个卷的动作,然后扯了下袖子补充道:"还有话筒接线过长收纳不便。"由此,他萌生了做一个对话筒进行消毒和收纳的箱子的想法。在与朋友介绍的智云科创团队沟通后,他们合作将这个想法变成了现实。

像所有的在校学生一样,艾弘毅也会遇到学业和工作冲突的问题。无法兼顾的时候只能放弃一部分。就像大二上学期,转专业带来的课业变化,需要他不停补课。期末考试任务繁重,他就只能把学生工作停下来,不再接稿,熬夜复习,准备考试和展示作业。"基本上那段时间就一直在东十二待着。"说完,他无奈地笑了一下。

"最要感谢的还是父母吧。"父母的鼓励支撑着他前行。在他自我否定的时候,父母始终给他支持。在一些重要的抉择上,父亲总能给他理智又可靠的回答。

最后,他把"无问西东"四个字送给了所有人。"我们既要脚踏实地,也要仰望星空。"追求成绩,这固然很好,但还是要在学习之余做一些自己喜欢的事情。坚持自己喜欢的事情,可以让人更有激情,让生活更有盼头,而这些正是我们需要的。

方雨霏[①]：不设限自定义

徐伊琳[2021级新闻学专业（新闻评论方向）本科生]
代睿祺(2021级新闻学专业本科生)

秋意迟缓的武汉，似乎年年如此。"我初来武汉的时候，其实并不是很适应这里。"从2019年初入大学，方雨霏已经在武汉待了两年。两年里，不变的是——炎热的夏，寒冷的冬，念念不忘的故乡的春秋；改变的是——她的心境。"在汉口的小巷里，我爱上了武汉的烟火气。"

国奖答辩PPT的末尾，方雨霏用了这样一句话作为自己的总结展望："坚强不是为了证明勇敢。坚强，是希望大家不要为了当下的一刻感受，而否定未来的无数可能。"回看过去，她认为之前的自己"不够坚强"，以至于大部分时间都在自我怀疑与自我否定中度过。而两年，足够改变一个人对一座城市的感情，也足够让她嚼碎昔日的无措迷茫，化作今日淡然的言语。"现在，我慢慢地学会了在接纳自己的不完美、接纳自己焦虑的同时，也正视自己的闪光点。"

这伴随着她不断尝试、不断努力、获得回馈的过程，也伴随着她愈发理性、自我定义的过程。

躬行实践：从喻家山下到社会的广袤土壤

"做好自己的事，就不会有那么多的焦虑感。"在中国人民大学中国调查与数据中心做电话访问员，参与北京大学中国健康与养老追踪田野调查，无数次理论与实践的碰撞，让方雨霏对社科领域有了更深入的理解；热爱美食的她还以此为题，与小组成员抱着探究"吃播"的动机，结合当下时事热点，将"吃播"作为"大学生创新创业项目"的选题并成功获得国家级立项；在荆楚网实习时跟随老师采访相关人群，感知中国制造发展趋向，将视线投向技能青年，撰写数据新闻稿件，分析其未来在社会中的机遇……

---

① 方雨霏，2019级新闻学专业本科生，国奖获得者。

"后期的专业学习可能会让人有一种迷茫感。"方雨霏调侃自己不太算一个有新闻理想的人,但谈到她认为的"新闻工作者应该具备的基本素养"时,相较于之前的轻松欢脱,她略显沉静。良久思索后,她给出了自己的答案——对新闻的敏锐度与对社会的责任感。那句"铁肩担道义,妙手著文章"依旧是她心中对于新闻人的诠释。多次的社会实践,让她在迅速独立、成长的同时,也让她对新闻人在社会中扮演的角色有了更清晰的认知,对自我规划有了更明晰的把握。

向心而行:理性与温情之间

"把主要精力放在学习上,兴趣爱好与社团活动作为有益补充。""我挺爱玩游戏,但学习期间基本不会玩。"面对种种外界干扰,方雨霏选择保持冷静与理性,与优秀同行的是她时时刻刻的自我约束。冷静如是,理性如是。

但在采访中,她频频提到"触动"二字。作为小组 AED 选题的负责人,她考取了红十字救护员证,谈及机缘,源自触动。一例发生在身边的心脏骤停,因错过了黄金抢救时间而丧命的事件,带给了她极大的触动。提及此事,她略显激动:"如果他身边有一个能够施以援手的人,如果他没有错过黄金抢救时间……"生命消逝的命题,没有如果可言。"急救知识在中国社会是亟待普及的。"

以生命为代价的触动是心悸,人性真善的触动是温暖。在田野调查中,被阿婆的关心打动;在电话访问中,被新冠康复者的祝福触动。感性与理性并非两极,理性不失温暖,感性不失克制,是她不设限的人生状态。

专业与跨越:未来不设限

被问到为什么要辅修法学的时候,方雨霏很真诚地表露了自己的考虑,跨专业的知识学习能给报道带来专业的眼光和视角。谈到辅修法学所带来的增益,她说,法律思维是一种理性思维,实事求是的原则在某种程度上与新闻学不谋而合。与此同时,方雨霏兼顾各方面因素,不断提升个人能力,以更有竞争力的跨学科姿态为人生的下一阶段做准备。不设限于新闻,她想不断扩展自己未来可选择的道路。

高度自律和踏实学习的习惯使方雨霏在跨学科的学习中取得巨大收获——丰富的法学知识储备带给了她看待法律事件的专业眼光;法学的理

性思维使她在新闻工作上能更好地将"秉中持正"的思想落到实处。谈及接下来想做的突破自我的事,方雨霏称想结识更多不同学科不同领域的朋友,跨学科的思维碰撞让她着迷。

从喻家山下的大学课堂到田间地头的课外实践,从媒体平台的工作实习到剑桥大学暑期的学术交流,从校三好学生到国家奖学金获得者,一步一个脚印,方雨霏俨然是多数人眼中出类拔萃的学生。然而,每一次看似自信的答辩,她依旧会"紧张到手脚冰凉";繁忙的课业之余,她也会因无法排队打卡中意的美食店而苦恼。她的相机持续记录着她钟情的城市小巷烟火气;她的朋友圈陆续更新着她所热爱的生活点滴。

不设限,自定义,"人生如逆旅",她依旧以行人的姿态丈量着足下的道路,以不设限的状态书写着她自定义的人生。

曹旭晨[①]：不忘初心，坚定前行

王芮（2021级播音与主持艺术专业本科生）
张伊婷（2021级新闻学专业本科生）

席慕蓉在《以诗之名》中写道："一生或许只是几页，不断在修改和誊抄着的诗稿，从青丝到白发，有人还在灯下。"新闻与信息传播学院2019级新闻学专业（新闻评论方向）的曹旭晨，在华科大已然度过了两年，从最开始懵懂无措的新生，成长为现在站在答辩台上处变不惊的国奖获得者，其中不变的，是满怀着新闻理想的初心。

以笔为矛，打磨专业能力

来自新闻学院的曹旭晨，有着出色的专业能力，曾在《中国青年报》等主流媒体上发表过多篇评论。在面对如何使自己的新闻评论脱颖而出的问题时，她从"心态""专业习惯""文笔要求"三个方面做出了回答。

曹旭晨认为，作为新闻专业的学生，首先要有平和的心态去完成一篇新闻评论。"除了大学生投稿之外，更多的是专业人士的投稿，"她解释道，"所以要抱着'我的作品交上去不一定会被采用'的心态去投稿，这样即使稿件石沉大海也不会感到特别挫败，因为心里有预期。"

在曹旭晨看来，对新闻专业的学生而言，要养成关注时事的习惯。新闻，顾名思义，是"新近发生的事件"。因此，及时捕捉社会热点，并从中提取有价值的新闻观点，是新闻工作者必须具备的能力。举例来讲，前段时间大学生体测作弊的事件沸沸扬扬，多数人关注的是现象，新闻工作者却不同，他们要从现象出发，追溯事件本质。曹旭晨当时想到的就是国家教育体制的问题，体测作为正常教育体系中的一门课程并没有被社会承认。

新闻评论是一种写作形式，它需要作者在有限的篇幅中，靠独特的见解吸引读者，并且要求内容具有政策性、针对性和准确性。"要在有限之中，达

[①] 曹旭晨，2019级新闻学专业（新闻评论方向）本科生，国奖获得者。

到无尽之意。"作为一名新闻评论专业的学生,曹旭晨深知简练的文笔对于一篇优秀新闻稿件的重要性。而简练的文笔在新闻稿件中往往体现在三个方面:省略冗余文字、突出重点、兼顾深远。"当然,这需要新闻工作者有着丰富的知识储备,从而去完成精干的观点输出。"她补充道。

百舸争流,转化实践收获

作为一名中共预备党员,在2021年寒假,曹旭晨积极参与了政务实习,并在这期间走向了脱贫一线。当提及脱贫攻坚这场战役时,她分享了一段难以忘怀的经历:有一次她跟随着当地的副书记前往徐家冲开展工作,路又弯又颠,到达目的地之后,那家的孩子只是站在门后看着前来的陌生人,眼中是迷茫和害怕,但又满怀期待。整个屋里只有一个老式钨丝灯,房子上只挂着几块熏黑的腊肉,房间里的凳子只够她和同事们蜷缩着。"虽然我的力量很小,不能通过一篇评论影响所有人,但我认为就算能让一两个人关注,也能体现新闻的意义。"说这句话的时候,她的眼神里满是坚定。

而作为一名始终怀揣着新闻理想的学子,在2021年暑期,曹旭晨选择了在财新传媒实习。当被问到为什么选择财新传媒时,曹旭晨提到在知识付费流行的当下,财新传媒率先开拓了付费新闻领域,这让她感到好奇。为什么新闻需要花钱阅读,付费新闻是能带来一些好处,还是增加了大众的负担?正是这种疑惑,推动着她去研究付费新闻,并将其定为"大创"项目的研究方向。

心之所向,始终坚定前行

面对社会上大学生普遍性的迷茫、不知所措的现象,曹旭晨认为这再正常不过。她认为大学前期是试错阶段,每个人都或多或少有过这段时间,只是时间长短不同罢了。多尝试,多请教,多总结,是她解决迷茫的方法。此外,她还会与学长学姐沟通交流,在听过他们的经历后,再根据自己的情况做出判断或选择。当遇到大量工作囤积,却不知从何下手时,她会尽全力做好手头上的事,做到"断舍离",朝着心之所向,始终坚定前行。

在闲暇时间,曹旭晨喜欢去户外放松身心,和朋友散散步;去找一种美食或者到某个地标打卡,探索武汉的奥秘。

世界上没有那么多天赋异禀,优秀的人总是努力翻山越岭。曹旭晨,以她的故事诠释了个中之意。

陈星宇[①]：携初心奔跑，为热爱追光

郑玺(2022级广告学专业本科生)
董梦洁[2022级新闻学专业(新闻评论方向)本科生]

"回望来时路，不停奔跑，勇敢追光。"掌声雷鸣中，陈星宇在国奖舞台上以这句话为她的"广电人"征途标下最生动的注脚。初秋的武汉阳光仍十分明媚，一如她这三年的时光，明亮悠长。

热爱共坚持一色

作为转专业来的学生，陈星宇一直很清楚自己喜欢什么、想做什么。"准确来说，在大一还没有开学的时候就对摄影很感兴趣了，后来了解到新闻学院的广电（广播电视学的简称）专业正好可以让我把兴趣转化成专业，所以就来了。"

用镜头记录有温度的人间烟火，是陈星宇选择新闻学院、选择广电最赤诚的那份初心。面对是否会因繁重学业压力而感到焦虑时，她绽开微笑："其实还好！因为学广电是出于自己喜欢，所以每次去完成作业的时候，都是因为想要把这件事情做好而去做，而不只是为了拿到更漂亮的成绩。我能感觉到一起完成小组作业的同学们都是很热爱广电专业的，大家都是想尽力去把这个视频做好，或是记录下一个有温度、很温情的人物或者事件才去做这件事。"她眼中的坚定、脸上的神采生动地诠释着她对广电的热爱会带来无穷的力量。

户外真人秀节目《江城奇遇记》是陈星宇和其他七名小组成员一起完成的一项"不可能的挑战"，嘉宾招募、撰写台本、现场统筹、摄影制作等一系列工作非常复杂和繁重。沉甸甸的摄影器材、漫长的拍摄时间、跨越了武汉三镇的拍摄距离、存储容量超过5 GB的素材、繁杂的后期分工等，无一不是拦在众人面前的大山。"当时熬了好几个夜晚，最后成片出来的时候我们都超

[①] 陈星宇，2019级广播电视学专业本科生，国奖获得者。

级激动。"

正如她在国奖答辩时播放的杀青视频中所说的那样,大家的青春洋溢盖过了雨天的阴霾,用自己的汗水和对广电的热爱跨越了一切艰难险阻。"我很喜欢完成小组作业的过程,一群志同道合的朋友在一起向着同一个目标奋斗,尽管扛着机器在外面拍摄很累,熬夜剪片很伤肝,但是当成果出来的那一刻就觉得一切的辛苦都值得,我觉得这是作为一个广电人最快乐的时刻。"

学习与松弛齐飞

活跃于学生工作,但也不落下专业课学习,陈星宇在各项工作与学业中找到了平衡。"当任务来的时候,先思考一下最近的空闲时间有哪些,然后把任务细化,再为自己设立'deadline'。像我现在电脑桌面上面有一个'to do list',还有一个大的日历表,我觉得计划是平衡学习生活很重要的一项。"即使有时因各种原因无法完成计划,陈星宇也不会给自己太大压力,而是以更饱满的热情投入工作。

在学习方法上,陈星宇则给出了列出知识框架、构建思维导图、勤问巧记的建议。背书时可以把自己不太熟悉的知识点单拎出来,再将这些知识点集中起来进行针对性记忆,随后根据这些知识点做出一套填空训练题,结合艾宾浩斯记忆法,就能对专业理论知识有一定储备了。当然,最重要的还是坚持,背单词需要一日一日的坚持来聚沙成塔,专业知识也需要一点一滴的积累来集腋成裘。

至于大二、大三的专业课中常见的小组作业,她认为,关键在于小组全体成员对选题广泛的接受度和兴趣值。"团队合作作业,小组要充分讨论,确定一个大家都能拍、都想拍的主题,不能你一个人想拍而其他人不愿意,这是一个好作品的前提。"而剪辑和摄影上的专业技巧,则需要更多的自主能动性,主动寻找资源提高自己的能力。

工作学习之余,陈星宇以摄影和旅游作为自己调节生活、合理松弛的栖息之地,"我觉得旅游是我感知世界的方式,尤其是一些比较小众、还没有被商业化的地方,可以让我很好地感受当地的风土人情。"出去旅游时,她也会带上相机,"刚接触摄影的时候就迷上了人文摄影,在希腊语里,photo是光的意思,graphe意味着书写和绘画,那么摄影师就是用光影来书写、绘画,或者说是讲故事的人,能用光影来描绘世界"。她提及,几年前有一次偶然接触到塞巴斯蒂昂·萨尔加多的人文摄影作品,自己深受触动,"虽然我没有能力拍出像他一样惊人的作品,但是一直把摄影当作爱好,试图记录一些有温度的瞬间"。

萤末微光,恒则熠熠

志愿服务是陈星宇从大一就一直坚持在做的事情:通过"协和同心绘"陪伴心血管疾病儿童的成长,加入"蓝信封留守儿童关爱中心"项目守护留守儿童的心灵,成为"云支教"志愿者与结对学生一起迎冬奥,自十八岁成年以来更是献血每年不辍……

其中,"协和同心绘"活动给陈星宇留下了十分深刻的印象。协和医院患有心血管疾病的小朋友在本该享受快乐童年的时期却被禁锢在病房里,陈星宇表示看到他们真的觉得很心疼。"我们去当志愿者,也是想通过我们的力量,在周末花几个小时的时间陪他们画画、折纸或者是唱歌,能给他们枯燥的病房生活带去一点欢乐,我们就满足了。"

在校外,她也热心公益,加入"蓝信封留守儿童关爱中心"项目后,陈星宇每月会给项目捐赠 50 元,她在国奖答辩的舞台上坚定地说道:"50 元,看似是一个很小的数字,但公益不是一个人做很多,而是很多人做一点。这一点,正是公益的意义所在。"

作为新闻学院低年级本科生党支部书记,陈星宇一直身体力行践行党员的责任与担当,尽管已经在专业内以综合排名第三的成绩取得了推免资格,但她选择研究生支教团,用一年的青春去做一件一辈子难忘的事情。

面对采访的第一个问题"请用几个词来形容自己",陈星宇略思考两秒便给出回答:"几个词……我想是自信,有毅力,不容易打退堂鼓。"彼时,她在树荫隙间漏下的点点阳光中大方果敢地笑,正如其名,昭昭如宇宙之瀚,离离若星辰之行。

面对未来,她给自己写道:允许一切发生。以后的生活不会一帆风顺,要允许一切发生才能摆脱自己在面对失败时的内耗。能接受一切最坏的结果,也能安心享受美好的当下!

郑孜谦[①]：流光歌咏，芳华翩跹

黄文韬（2022级广播电视学专业本科生）
王行健（2022级广播电视学专业本科生）
赵梓清（2022级广告学专业本科生）

念所及，思所达，以勇气为矛，以实力为盾，割碎迷茫的黑暗，拥抱璀璨的星光。在追逐国奖之光的道路上，来自播主1901班的郑孜谦，温柔且坚定，勇敢且上进，用热爱与信念书写青春之光。

脚踏实地，机遇自来

"其实我很多学生工作机会都来得很突然，算是空降。"她的两大主要学生工作——院学生会主席及校社会实践中心和青年志愿者行动指导中心主任，均是"临危受命"，这既是一种求之不得的机遇，也是一场冥冥之中的双向奔赴。

大一踏实学习，探索无限可能；大二加入青马班，斩获国赛大奖；大三支教，工时"爆棚"。机遇空降的背后，是点滴汇洪流、片羽成锦绣的力量积蓄；是脚踏实地、步步向前的砥砺耕耘。"有果必有因"，这是郑孜谦对自己取得成就的有力阐释。三年来，她好学精思，笃行致远，加权总成绩从班级第七一路攀升至第一，大三学年12门课程在90分以上；在几个月的时间里，她用其所长，极致发挥，和团队同学们筹备各项大型赛事，获中国数据新闻大赛一等奖、大广赛赛区一等奖、"求是杯"科技竞赛三等奖等；在青马班，她无私奉献，与党同行，用脚步丈量祖国，投身于乡村扶贫第一线，深入基层，感受红色革命的召唤。在各大学生组织中，郑孜谦凭借出色的工作能力得到了同学们的认可以及老师的青睐，她的每一个脚印都生动诠释着"机会都是留给有准备的人"。

此次国奖答辩于郑孜谦而言，不只是一个绽放光芒的夜晚，更是回首过

[①] 郑孜谦，2019级播音与主持艺术专业本科生，国奖获得者。

往三年,不负青春、不负自己的优雅谢幕。在谈及自己在竞选中的优势时,她反复提到"实践"二字。两次支教经历,两份学生工作,两百多个工时。"慎重地做好你人生中的每一个选择,并做好为这个选择承担一切代价的准备。"带着这样的信念,她一路乘风破浪,虽然也曾有过迷茫和焦虑,忍受过孤独和痛楚,但她始终脚踏实地,尽可能抓住每一个机遇,把真诚与爱献给眼前的自己,正如她的答辩主题,"道阻且长,行则将至"。

未来,郑孜谦也将在崭新的十字路口上,做出属于自己的选择,继而坚定远航,拥抱这个世界合理的疯狂!

保持勇敢,丈量土地

"我很勇啊,哈哈哈!"郑孜谦爽朗而简单的回答中蕴藏着她制胜国奖、一路成长和成功的秘诀或法宝——勇。

在郑孜谦看来,勇气给予了她很多成功的契机,也带给了她别样的成长与发展。一开始,她并无自信申报国奖,毕竟想要从层层选拔竞争之中脱颖而出,斩获唯三的国奖荣誉,是极具考验的。但充分的准备,长期的积淀与同学老师的鼓励和支持,让她勇敢地冲了一把。加权排名的领先,专业竞赛的辉煌成绩,支教服务的志愿精神,头部公司实习的广阔视野,都是郑孜谦评选国奖的闪光点。郑孜谦认为,这一次得国奖算是对自己过去三年在华科大学习工作与成长的一次总结,也是对自己勇敢抓住机遇并奋斗到底的嘉奖与肯定。

同样,也正是怀揣着这一份勇气,郑孜谦才选择孤身一人前往北京,在字节跳动进行为期四个月的实习,这段宝贵的经历为她扩大了商业化的视野和提升了宏观的策略能力,也更加笃定了她的那句话:"去试试可能不一定成功,但是万一呢?"

乐观向上,笑容常伴

尽管在大学生活中感到困惑与迷茫,在学习工作中面对困难与挑战,在人际关系的理想与现实中撕扯,郑孜谦也始终保持乐观向上的心态和从容不迫的微笑。"我把荆棘当作铺满鲜花的原野,人间便没有什么能将我折磨。"她的乐观足以照亮前路,虽偶有迷茫,但能逐步走出愈发明朗清晰的前路。

郑孜谦的乐观给予她勇气，也给她带来不计较得失的平和心态。丘吉尔曾说过："乐观的人在每个危机里看到机会，悲观的人在每个机会里看到危机。"郑孜谦的实践经历很丰富，其中不乏困难与挑战，但是她始终保持乐观向上的态度与不乏智慧的勇气，相信自己的努力与能力总会迸发出强大能量。

除了学习与工作，在生活中郑孜谦也是个乐观开朗的女孩。跳舞是她休闲的方式之一，在音乐中挥洒汗水、释放身体、绽放笑容；旅行和拍照也是她生活中的一部分，不论收获大小，她总能有新发现、新思考，然而不变的是她由内心而生的乐观与自信的笑容。就如同《诺日朗》中所说："我来到的每个地方，没有阴影，触摸过的每颗草莓化作辉煌的星辰。"郑孜谦便是如此，微笑面对生活的挫折与烦恼，坦然待之，从容处之。

"不经一番寒彻骨，怎得梅花扑鼻香。"回首漫漫求学征途，郑孜谦正是凭借她的勤奋踏实、过人的勇气与乐观自信的心态，孜孜不倦地探索于知识的海洋，才终能站在国奖的舞台上尽情绽放青春之光。"保持那一份热爱，奔赴下一场山海。"如今，等待着她的是更加宽广、更为精彩的人生之路。

易姣霞[①]:"痛并快乐着,继续加油!"

李好(2022 级广告学专业本科生)
雷文琦[2022 级新闻学专业(新闻评论方向)本科生]

"我终于相信,每一条走上来的路,都有它不得不那样跋涉的理由。"席慕蓉如此形容过往。2022 年度国家奖学金的评选落下帷幕,来自播主 2001 班的易姣霞终于如愿获得了这一奖项。念念不忘,必有回响。回首过去的一年,她以乐观的姿态面对挑战,朝着心之所向不断前进。寻找自己的热爱,是她坚定向前跋涉的理由。

过往:心有期许,一路向前

2021 年的这个时候,易姣霞还只是坐在国奖答辩现场的观众。在获得"校三好"时就有人鼓励她去竞争国奖,但是那一年她的成绩是专业第三名,离参与国奖竞选的成绩标准还差了一个名次。一个名次也就是零点几分的差距根本不能说明什么,但是不甘落后的她还是决定试一试,弥补没有拿到国奖的小缺憾。于是,从每天给自己安排任务开始,到充分利用每一段时间,上好专业课,练好基本功。就这样,经过一年的打磨与沉淀,她的努力得到了回报:专业成绩第二。易姣霞怀着忐忑的心情,站上了国奖答辩台。台上的她,自信大方地微笑,温柔而带有锋芒。四项国家级、十项省级奖项的成绩足以让人赞叹。最后,她用自己的优秀与真诚获得了大家的认可。"后来有人说我很真诚。对,真诚永远是最打动人的。"易姣霞笑着说道。

与大多数大学生不同的一点是,易姣霞一直坚持勤工俭学。"勤工俭学"说起来简单,真正要做到却难,她需要比别人付出更多。有一段时间她需要坚持早上八点给艺考生上课,十二点下课立刻奔赴另一个城市进行主持,晚上十二点才回到学校,第二天早上八点又开始上课的日程安排。连轴转的生活让她疲惫不堪。可这样疲惫不堪的生活中也有着很多的喜悦与感

[①] 易姣霞,2020 级播音与主持艺术专业本科生,国奖获得者。

动,比如听到学生们对她教学的肯定,比如自己教过的学生同样通过努力考进了华科大,这些都让她感到所做的一切都值得。在她的心中有一盏经风不息的明灯,温暖着自己,也照亮着别人。

"就想着能自己赚就尽量不向家里要钱,不想父母负担过重。"谈到家人,易姣霞语气里透露的满是温柔与坚定。父母对她的爱是融于血脉的守护,在她遇到挫折困难时,父母永远会是她最坚实的后盾。

每一粒种子都要经过长久的等待,才有破土而出的那一刻,才能勇敢地绽放属于自己的那抹新绿。而易姣霞,在经历过生活的磨砺之后,变得更加自信从容。她在以自己的方式书写不一样的人生。

当下:从"小"开始,脚踏实地

《晏子春秋》曾言:"为者常成,行者常至。"易姣霞如是形容自己当下的状态:"想去尝试有意义却难做的事情。"在脑海里有了创业的念头后,易姣霞便从小处做起,一步一个脚印,开始了自己的创业项目。她从年初的在校招募合伙人,到共同写下 110 页的商业计划书,再到 2022 年 3 月成功入驻华中科技大学科技园并完成公司注册,终使项目圆满落地。"AI 个性化婚礼音乐定制"项目已经为 23 对新人创造出了独一无二的专属婚礼音乐,如今更是参与了华中科技大学研究生集体婚礼。从生活中发现的创业契机,从小处开始的步步实现,都是易姣霞一步一步前进的证明。

"初心是想让人工智能走进每个人的世界,真正让 AI 走进老百姓的世界。原则嘛,没有什么具体的原则,就是从心出发,不能去害人,不去贪小便宜,要做好口碑。"在描述时,易姣霞的语气中带着真诚与坚定。

对于自己的作品,易姣霞从不含糊。她认真打磨,坚持用实力说话。她知道,只有把眼前这一场主持做好,才会有下一场向她抛出橄榄枝;只有把手中的片子拍摄好,下一部片子才会取得更大的进步。大学里的机遇是无处不在的,但只有把小事做好,口碑才能做好,才能牢牢抓住机遇。易姣霞正在把自己最初的想法一步一步变为现实。在谈及是否会因此有过大的压力时,易姣霞说道:"痛并快乐着嘛,继续加油!"

未来:目标坚定,乘风破浪

对于自己的未来,易姣霞很乐观,但她并不想好高骛远。"把该拍的片子拍完,该写的作业写完,努力提升自己的英语能力,争取六级分数再高一点,考过雅思。过去我实践得多一点,以后想在科研方面下功夫。"

关于自我,易姣霞也有自己的想法。她觉得寻找自己的热爱是一个很困难的过程,如果找不到也没关系,不如立足当下,脚踏实地做好现在的事。人就是在不确定中寻找自我,不要过于焦虑,不要随波逐流,做你所想,爱你所爱。

所有想说的话都在行动中表达,所有想要达成的目标都在行动中实现。初心和原则都很简单:痛并快乐着,继续加油。易姣霞知道,自己会一路向前,不恋过往。

周雨萌[①]：此处果有可乐，我即别无所思

王煦（2021级新闻学专业本科生）
马金蕊（2021级广播电视学专业本科生）

"人间毕竟不总是充满了温暖的，你前进的道路上也并不总是铺满了玫瑰花。"诚如斯言，成功路上的玫瑰布满荆棘，经历磨炼，才会造就出玫瑰圃田的盛景。而获此绝美风景之人必是用沿途的荆棘编织了桂冠，才留下了玫瑰的馨香，一如周雨萌一往无前的新闻理想追求之旅，栉风沐雨，不惧晦暗。

回望来时路：自由亦遍布荆棘

"看到那些岁月如何奔驰，挨过了冬季，便迎来了春天。"周雨萌说，大一的适应期是"忙、盲、茫"。"大学和高中最大的不同就是，全部的生活由自我来掌握安排，这是一种自由，但也会困惑自己的抉择是不是正确的。"在她看来，适应新的生活方式第一要在尝试中明确所喜所爱；第二要培养自我的内驱力，驱动力大部分源自每个人对选择方向的坚定和热爱，这远远胜过一切责任感；第三就是享受当下的瞬间，学习固然重要，但不是生活的全部，享受大一的美好和自由，不用特别焦虑或者迷茫。"一个人知道自己为什么而活，就可以忍受任何一种生活。"周雨萌说，"适应之后，根据具体情况形成适合自己的学习体系和节奏。比如列月计划、周计划并及时复盘完成度。"一年里，她在紧张和充实中找到每个专业课的节奏和学生工作的调性与强度。

关于新闻理想的来源，周雨萌认为自己拥有的并不完全算"理想"。"毕竟理想是很宏大崇高的词汇。我更愿意称之为对新闻的信念，相信它能让这个世界做出改变，甚至是改善，真的做到'阳光打在你的脸上，温暖留在我的心底'。而对个人而言，我相信新闻能带我看向更大的世界。"

"至于它的来源，说小一点，就是因为我自身对信息环境的不信任，对于

---

① 周雨萌，2020级新闻学专业（新闻评论方向）本科生，国奖获得者。

我认为重要的事物,我一般会用纸笔做载体,并不会轻易地让它扯上互联网。大概是我在看过隐私泄露的种种新闻以后,对现在的信息和媒介环境很难信任,选择守旧来进行自我保护。就在我见证了各种新闻反转事件以后,开始问自己:什么样的信息是真的,我能不能百分之百地信任某一家媒体?得出的答案是否定的,因此我渴望通过自己的探索去接近事情的真相。开始做新闻之后(指不成熟的新闻实践),这个来源变成了希望真正的'弱势群体'被更多人看见并得到更多的关注,希望更多的人知道,在世界角落,有人花费了几倍的力气,才能辛苦够到需要的东西。"

看清脚下路:穷山距海,不能限也

"再选一次,还选新闻。"这是周雨萌内心深处的声音。大一时她看到新闻专业的许多变化和挑战,但各种实践让她对心中的疑问有了初步回答;大二课程的专业性更强,也让她对加强专业素养更有信心。"我们的报道究其本质早已发生,但我认为它的存在仍然有意义。"脱离宏大的叙事语境,新闻让更多人看到生活中微小的人和事,而过程中的感动和收获就是选择新闻的意义。"报道做出来,若能发人深省、改善生活,我们作为一个旁观者和参与者,也有意义。"周雨萌说,"理想主义"让她真正相信选择的方向是适合自己的,"你的答案需要足够坚硬,才不会成为另外一个问题"。慢慢摸索,她仍在追求答案的路上。

万家灯火,看世间百态,人情冷暖。勇敢地面对世界,虽然生活不易,但值得去坚守,去热爱。周雨萌认为志愿活动不能以功利的态度去看待,志愿活动会带给你感受世界、启发内心的机会。她参加过"致敬行善者"活动,采访了方俊明,一个纵身一跃、见义勇为却被命运撞得头破血流,在轮椅上度过青春的平民英雄,感受他无怨无悔的高尚精神;也曾深入了解把善意看作一种非常平常的事代代相传的邵宝荣;还坚持与新疆女高中生一月一信互诉衷肠。这些都是能够真正带给周雨萌触动和力量的志愿活动。"世界那么大,我想去看看",对生命的探索是无止境的,认识世界、品尝世间是美好的。

谈到对新闻这一职业的理解,周雨萌认为有两个方面。

一是永远忠诚于真实的人。她说看过一部与新闻业有关的剧《我们与恶的距离》,里面有一个场景就是突发新闻,求证困难,但是其他新闻媒体都在报道这件事,上级要求这个记者也进行报道,否则就失去了时效性,也失去了"粉丝"数。于是就在求证不完全的基础上进行了报道——最后证实为假新闻。"这太真实了,真实到让我感到窒息。不做假新闻是知易行难的一件事,但我觉得应该成为记者报道的第一信条。""你无时无刻不在做选择,每个选择都在检验你是否诚实。记者尤其如此。但愿诸位都有能力并且愿意选择诚实的道路。"

二是亲吻泥土的人。"做记者不能成为炫耀的资本,而应成为悬梁的匕首,要时时警告自己,不将采访作为施舍和傲慢。是采访对象选择了你,并不是你选择了采访对象。前者代表的是信任,而这正是记者与其建立关系、开启对话的第一步。另外,得沉下去,掏出肺腑,才能真正代入采访对象的情境中,理解他做的每一个选择,才能让你的报道立体起来、鲜活起来。"

坚定前行路:志之所趋,无远弗届

没有坦途通向未来,但周雨萌会坚持摸索着蹒跚前行,她希望未来可以提高自己的专业理论素养和学术素养。"我觉得自己专业知识储备量还不够,实践操作的采访对象也不多,好好学习,多去参加采访的活动,再就是丰富一点,一个'丰'是丰富自我,另一个'丰'就是去帮助更多的人。"更重要的是,她希望能不违背真实的准则、自己的初心,在做新闻的路上更真诚、更包容、更柔软。

"我生来就是高山而非溪流,我欲于群峰之巅俯视平庸的沟壑;我生来就是人杰而非草芥,我站在伟人之肩藐视卑微的懦夫。"张桂梅的女子高中校训,每读一次都会深深震撼,像小锤子在心上慢慢敲打。如其所言,周雨萌希望每个人都可以找到自己真正热爱的方向,并且为之努力,不后悔自己的选择,最重要的是,活得健康、开心。

卢家驹①：乘热爱前行，踏无疆途旅

肖思怡（2021级广播电视学专业本科生）
张奕婧（2021级新闻学专业本科生）

"那个时候感觉有一点自卑了。"回忆起国奖答辩现场的自己，卢家驹这样说道。一方面"大创"没来得及申报，另一方面社会实践受疫情阻碍，他不得已拿着最低的材料分；腿部受伤只能挂拐走路，在一众朝气蓬勃的同学中他便装上场；竞争对手侃侃而谈、摆出获得的大批奖项时，他备感压力……

但答辩结果出乎卢家驹的意料，现场观众们热烈的掌声、出乎意料的高票以及陌生同学找他聊天时表达的欣赏，让他感动。他欣喜地意识到"人们去评价你的方式不只有你的外表和履历，他其实也可以通过你这个人本身，通过你的性格、你的真心，去肯定你"。

"追寻热爱是我的存在方式"

"文字是我的存在方式和表达方式。"当被问及与文字的缘分时，卢家驹毫不犹豫地说出了这句话。随后他补充，阅读与写作可能已经是他生命的一部分且流淌在他的血液里。

受家庭环境的熏陶，卢家驹从小听故事、编故事。他上一年级时唱的一首《迎春天》引得同学们争相要签名，"原来写作是这样一种感受"，萌芽便从这里生长。他真正意义上的写作开始于初二的暑假，《平凡的世界》给他以文学的启蒙，于是诗歌的尝试由此开始并坚持至今。在阅读和了解了川端康成和郁达夫等的一些作品后，他心中所要追寻的文字方向便愈加清晰，热爱犹如点点星光吸引着他不断向前，长达千字的《圆月初生曲》与《月夜思妇行》便是他用来表达存在的创作。

即便如此，卢家驹也不将自己定义为"文艺青年"。对卢家驹而言，写东西是在剖析自我，在面对自己、批判自己；文字带来的永远不只是快乐，它有

---

① 卢家驹，2020级新闻学专业（新闻评论方向）本科生，国奖获得者。

喜有忧，甚至更多的是痛苦。在其随笔《平凡，在祈祷落幕之时》中，他这样写道："文学充盈人的方式是不同的，它带给文艺青年以跳跃着的幸福安然，带给像我这样的是绵延的痛苦和短暂的快乐。""这是我们的事业，这是我们超越生死的战斗与冲锋。"

"这段时间看（书）少了是不是就会导致我贫血？"玩笑中透露出卢家驹对文学最真挚的热爱。

"收获热爱是我的意外之礼"

在来到华中科技大学新闻学院以后，卢家驹在对新闻的探索中又收获了一份新的热爱。他坦言，刚入校园时其实是没有所谓的新闻理想的，只当新闻能用文字带来价值，不妨当作跳板，"曲线救国"。但是经过一年的学习与实践，他逐渐反思并形成了自己的新闻理想，现在"它（新闻）已经不再是我向中文进发的一个辅助，在我心中其实已经跟我想要的所谓的文学是同一个 level、同一个高度了"。如果说中文是理论与功底，那么新闻就是视角与积累，接触生活中的人和事在某种程度上更为重要。

与卢家驹新闻理想相伴而生的是他对新闻的认知的转变：从个人英雄主义到相信集体力量。新闻传播像两个三棱镜，当光线在笔者手中折射一次，又在读者眼中折射一次时，事实还能算是事实吗？经历过怀疑、经历过学习后，卢家驹的回答是"在专业素养过硬的前提下，相信你自己"。个人的文字的力量没有理想中那么强大，但"有一分光发一分热"，新闻人这个大集合的力量最终会在历史长河中留下它的独特一笔。"如果可以，我会为时代立言，为人民立言。"

在认定新闻是自己的另一热爱后，卢家驹在学习与实践的过程中也总结了一些心得。他强调，要重视新闻系学习的特点，作为一门学科，新闻学似乎有些"浮"，通俗来讲就是：好像学了什么，又好像什么都没学。卢家驹认为"新闻系培养人的上限非常高，下限也非常低"，而要想成为上限很高的人，"你就要多去听一听，多去想一想"，你的所谓"卷"是否建立在上课认真听讲的基础上？课后你怎样填满老师给的知识框架、怎样在实践中印证理论？课下作业你怎样完成，是主动还是被动，是循规蹈矩还是锐意创新？只有始终保持独立思考的能力，在阅读和实践中丰富自我、锻炼自我，新闻人才能不断拔高自己的上限。

"坚定热爱是我的价值追求"

"实践是检验真理的唯一标准。"新闻学子的实践便从采写开始,卢家驹也由此逐步坚定自己的新闻理想。在《火花物语:为火焰画张肖像图》中,作为文科生面对理工专业知识,他秉持呈现、衬托受访者的原则,一次次请教与询问;在《困倦之外:在暗夜中迎接明天》中,他口中深夜寻找受访者时的"巧合"与"刚好",实际上是"机会永远留给有准备的人"的印证;在《泉之旧书社:也许明天,他们将归来》中,本想要拉近距离的第一问"你们喜欢吃什么",把暂停营业、正襟危坐的书店老板"整不会了","社死"难免,但日后回忆起来都是宝贵的青涩年华与经验……

从"泉之旧书社"的采访者到如今的国奖受访者,当时的感受与现在的身份转换让卢家驹感触深刻。受访者往往被拎出闪光点大谈特谈,但收获满足感与声誉之后生活还是会回到原来的轨道,该来的磨砺乃至苦难不会因此给你发放通行券。就像几年前被媒体关注了好一阵子的"泉之旧书社"一样,我们只能写下"也许明天,他们将归来",谁也无法保证书客是否还来、书店老板的生计是否还能维持、旧书社还可以静静伫立多久。但是,即使文字力量有限,书店老板仍怀爱书之心经营小店;即使单个新闻人力量有限,卢家驹仍想要坚定热爱、坚守追求。正如卢家驹对《平凡的世界》的一句观后感一样,"平凡是人作为一个整体对于世界的平凡"。生活有时很苍白无力,但是"在认清生活的真相后依然热爱生活",这是他追求的英雄主义。

吴雪如[①]：以自己喜欢的方式过一生

郑杰滨（2022级广告学专业本科生）
商誉文（2022级新闻学专业本科生）

林特特曾在《以自己喜欢的方式过一生》中落墨："就算怀揣着最伟大的梦想，也不妨碍我们得到一个普通人的快乐。这世上只有一种成功，就是以自己喜欢的方式过一生。"吴雪如，不拘囿于学分绩点，不局限于校园课堂，在个人兴趣领域不断尝试，努力突破。她同过去和解，与生活相拥，向未来无畏进发，以自己喜欢的方式，活成自己喜欢的模样。

抚忆过去：悟已往之不谏，知来者之可追

回忆起国奖答辩的点滴，吴雪如觉得既在意料之外，又在情理之中。从在班级中脱颖而出，到初上国奖答辩台陡增的压力；从台下演练数十遍，到台上精彩演讲五分钟；从一年前为别人的风采所折服，到如今因自己的表现而喝彩……一切的一切，都是她对"越努力，越幸运"的绝佳诠释。

面对这份来之不易的荣誉，吴雪如却显得十分从容，她更愿意把国奖答辩当作是一次向众多听众进行一场个人"述职报告"的机会。"我觉得每个人都在大二学年里不断改变自己。尽管我有幸站在了国奖答辩台上，但这并不证明我比别人改变得更多，也不能证明我比别人更优秀。只是说我有这样一个机会去展示我的改变，我相信每个人的大二学年答辩都是充实优秀且独一无二的。"

在介绍自己时，吴雪如提到一个关键词——运气守恒。回望这一年，"有的时候会感觉自己的努力被认可，但也有些不愉快一股脑儿地积压到一起，难过到觉得人多就是吵闹的时候。大二这年悲喜交集，就像一趟十足精彩却也吐了个七荤八素的过山车"。

大二上学期专业分流后，她觉得"广告的氛围很舒服，老师们也都非常

[①] 吴雪如，2020级广告学专业本科生，国奖获得者。

友善,从第一堂课开始我就坚定了自己分流选择的正确性"。同时,她还顺利找到了与自己合拍的搭档,他们志同道合、携手共进,在一次次小组作业中成为彼此的有力臂膀。

但好景不长,一系列挫折迎面而来,让她觉得简直是"换了春秋":失恋带来的精神内耗,作品未能按时提交让数月的努力功败垂成,自己的排球生涯再次陷入困境,上海突发的疫情让原定实习计划未能如愿……一连串的打击如同洪水猛兽般向她扑涌过来,直压得喘不过气。"那段时间真的很'emo',现在都不知道是怎么过来的。"面对欠佳的学习状态和各方面的失利,她开始反思:"当获得了一些之后,就会害怕失去,因此总要求自己一定要做到什么地步,但对自己的预期实在太高了。我觉得还是不够释怀,这不是我原本的真正的生活状态。"跳出第一名的怪圈后,她开始顺从自己的内心,自如地面对每一位老师和每一门课程,闲来时便在个人公众号上更新一些生活状态,这种选择也渐渐成了那段艰难日子里生活的最优解。

"到了大三,真的会觉得大学太短了,感觉自己还没好好做几件事日子就匆匆逝去了。"一路走来,吴雪如也对过去抱有不少的遗憾:没有克制住自己而错过了很多有意义的课;在一些不必要的组织和会议里耗费时间;过分"PUA"自己,总是想着"要是我不怎么样就好了";人格成长得太慢,给周边人带去太多麻烦;明知"靡不有初,鲜克有终"却放弃了很多坚持;曾有诸多机会却畏缩不前……"说来很多,不可能完全没有遗憾。但总体来说,现在的我不再会、也没必要为过去的任何一件事情而后悔了。因为这不值得,回不去了,已经改变不了了。"面对过去的遗憾,她如是说。

"自己知道这件事情做得不好就够了,生活总还是要往前走,没有必要给自己那么大压力,没有必要苛求自己要把人生过得有多完美。"做到力所能及的最好,永远忠于自己的内心,用自己喜欢的方式过一生,就已经足够了。

活在当下:"很幸运,在最好的年纪遇到了他们"

孔先圣认为理想型的人格合乎中庸之道,《尚书》言:"惟精惟一,允执厥中。"而从吴雪如给出的性格关键词"反差"中,透露出她独特而中和的个性:坚定亦温柔,独立且自由。

在排球场上,她雷厉风行、严肃认真,秉持着"不让每一球轻易落下"的原则组织着新生训练;而在排球场下,她又化身为知心大姐姐,温和热情、谦和平易,安慰鼓励队员,愿为心灵导师,同学弟学妹深夜"撸串"、畅夜侃聊等。

在学习和生活中,她自由散漫,又不失自主规划。时间管理有条理,每天一份有弹性的"to do list",她说既不能盲目画大饼,也不要给自己添上负罪包袱,时间管理不是"让你去成为一个无情的任务机器",而要知道自己还有什么事情需要做;任务安排善取舍,她对不同任务会提前做好优先级安排,对小组作业主张"每个人擅长的事情是不一样的,贡献率有差距很正常,不要苛责所谓的百分之百公平";信息获取有诀窍,她会在信息洪流的裹挟下做好信息筛选与整理,譬如每天定时从企业微信和相关公众号中及时了解有用信息,抓取宝贵信息从而不断丰富自己的课余时间。

当问及取得国奖的秘诀时,她打趣地说:"其实我真的很普通,被你们采访甚至有些无措。我觉得国奖,它只是世界上很多种标准中的一种,而我恰巧被它认可了,仅此而已。这几天被学弟学妹们加好友,问了很多我不知道怎么回答的问题,实在是哭笑不得,我后来想干脆出一本《你离国奖只差一步》好了。"尽管大二学年取得不少光鲜亮丽的成就,但她始终觉得这不是自己一个人的功劳,而是团队努力的结晶。"一年以来,多人协作很多。所以这份成绩中并非只有我个人的努力,我是一个代表者,代表团队的大家来获得国奖罢了。"

她在国奖答辩PPT上专门留出一页感谢那些陪自己一路打怪升级的人——她记得每一个坐在宿舍大厅借着那里的插座写作业的夜晚,总有弹出的小窗消息鼓励她"再坚持一下"。因为这些难能可贵的友谊,她会在"大广赛"后因对队友的愧疚彻夜反省而难以入眠,她会体谅课业任务重而无法全身心投入小组作业的队友,她会用"人比车贵"的狂妄话语来"炫耀"自己的好伙伴……"感谢遇见这样一群有主见、有能力、有意思的朋友,能跟他们结识并组成队伍是我大学生涯中最快乐的事情。很幸运,能够在最好的年纪遇见他们。"

展望未来:"生活还要往前走,我只是今天的我"

大三是大学生涯的一个关键转折点。当大家或多或少开始忧虑迷茫,在各种未来选项之间犹豫不决时,吴雪如却这样定义自己的大三以及未来生活:"大学就是一个寻找方向、不断尝试、试错与失败的过程。比起在未知的方向中打转,我想先充分地享受我的大学生活,生活还要往前走,我只是今天的我。"她相信，生活不是日程表打钩的"形式主义"机械重复，而是一场带着坚定信念的现实主义冒险。

与众人的想法迥异，"迷茫"一词在吴雪如心中永远都是一座支持着她继续求知探索的灯塔。"有的时候，和朋友聊起这件事，我说走一步看一步。看怎么理解，没有目标未必就是迷茫，没有目标未必就是件坏事。"回答采访问题时，她的眼神不慌不乱，似乎此刻正静待着人生中可能发生的一切。

"胜固欣然，败亦可喜。"今天，吴雪如依旧在探索着她的人生路，这条长长的路最终会通往何处呢？她只付之一笑，寥寥几句带过："前途很远也很暗，然而不要怕，不怕的人面前才有路。"勇敢、坚韧、自信、拼搏，这些正在她身上闪闪发光的性格品质已经向我们诠释了话中之义，她正一步步地奔向人生前方未知且精彩的"原野"！

周文卿[①]：认同自我，热烈生活

张洋[2022级新闻学专业（新闻评论方向）本科生]
张皓晨（2022级广播电视学专业本科生）

以笔为矛，书写热爱

"要根据事实来描写事实，不能根据希望来描写事实。""采访不是简单的问答，而是双方产生情感共鸣的过程。"……每当谈到与新闻有关的事，周文卿就像打开了话匣子一般。大到马克思主义新闻观，小到采访中需要注意的细节，她总是如数家珍，侃侃而谈。为了学习这些看似枯燥的知识，她会去请教老师，去图书馆查找资料，甚至在东九楼花上一节课的自习时间来钻研。对于坚持下来的原因，她显得坦诚而淡然，"也算不上'坚持'，只是单纯地享受学习这件事"。

上中学时，周文卿在写作中与文字结缘，渐渐喜欢上了用文字表达自己。在这股力量的推动下，她先加入了校记者团，而后在专业分流时毅然选择了新闻评论方向。"我觉得参加记者团和学习新闻评论专业是一件相互促进的事，让我有了把理论和实践相结合的机会，做稿的过程让我对理论的理解更深。"作为学生记者，周文卿在一线亲身体会过选题的纠结，准备采访的紧张，以及熬夜磨稿的不易。兼顾学生和记者两个角色，让她经历了许多焦虑与疲惫共存的时刻，却也带给了她一种独特的经历，让她更坚定了对新闻专业的选择。

回顾一年多的求学经历，新闻不仅带给了周文卿难忘的经历，也在潜移默化中影响着她，改变着她。"学习新闻拓宽了我的视野，让我能够接触到许多不同的人与观点，从多样的视角看待世界，以批判的眼光看待社会……我很感激新闻带给我的这些品质。"

---

① 周文卿，2021级新闻学专业（新闻评论方向）本科生，国奖获得者。

放下焦虑,拥抱生活

正如余华所说,当下的时代是一个普遍焦虑的时代,作为一个普通人,周文卿刚升入大学时也难免迷茫和焦虑:"那时特别羡慕身边的一些同学,感觉他们已经找到了自己热爱的事,而自己却仍然不清楚想要什么。"在那段日子里,她常常会浏览有关读研、就业的问题,一看就是一整晚。现实状态与期望的渐行渐远,让她开始思考一个从前总是被她习惯性忽略的问题:我最想做什么?

"生活的意义就是要做自己认同的事。"通过一段漫长的挣扎时期,周文卿给出了自己的答案。来到下学期,她把更多的时间花在自己认同的事上,在其中寻找生活的意义。半年里,她每周到图书馆读书,报名健美操比赛,在十大歌手比赛中一展歌喉,还尝试创办了自己的公众号……她渐渐地发现,相比于结果,享受努力的过程更加重要。通过对自己的预期做减法,她成功地和自己和解,找到了自己的生活节奏,放下了之前恼人的焦虑。经过大一下学期的调整,她更加自信和快乐,随之而来的是令人羡慕的成绩单和光荣的国家奖学金。

拿到国奖后,她第一时间给父母和朋友分享了喜讯。正是亲情和友情,陪伴着她走出迷茫,一步步登上国奖领奖台。天冷时母亲的一句关心,胃疼时舍友们送来的热水和胃药……无数个温暖的细节,让她至今记忆犹新,心怀感激。"对我来说,这个奖也有他们的一份儿,没有他们的支持和鼓励,就不会有后面的故事。"

全面发展,坚定向前

在学习之余,周文卿还积极参加了创新创业项目、学生工作、社会实践和志愿服务活动,尝试着不同的角色。在"大创"中,她是项目负责人,依据队友的特长和爱好合理分工,让每一位队友都发出自己最大的光和热;在学生工作中,她是优秀成员,参与马克思主义新闻观学习实践小组、校记者团和学生社团指导中心媒体部的工作,学会了更高效地分配时间;在暑期社会实践中,她是脚踏实地的新闻学子,以脚步丈量乡村广袤的土地;在"蓝信封"活动中,她是细致温柔的知心姐姐,用尺素走进留守儿童的心灵……校园提供的平台和活动既点缀了她的课余时间,也让她得以走出大学这座象牙塔，深入理解这个时代赋予新闻人的责任与担当。

"把每一天的每一秒都过得有意义，按部就班地完成工作，不断前进。"周文卿非常赞同这样的人生态度。对于未来，她也逐渐有了自己的目标，"大概会继续读研吧，毕竟我发现是真的喜欢学习，喜欢新闻。"在采访的最后，她微笑着说。她语气温柔，却流露出内心的从容与坚定。

毛姆在《月亮与六便士》中有一句浪漫的描写："在遍地都是六便士的街上，他抬起头，看见了月亮。"对周文卿来说，在许多人还在犹豫选哪一枚硬币时，她已经抬起头，找到了属于她的月亮，这何尝不是一种幸福？

孔佑樨[1]：穿花寻路，浩气展虹霓

向可可［2022级新闻学专业（新闻评论方向）本科生］
黄麟稀（2022级新闻学专业本科生）

"我欲穿花寻路，直入白云深处，浩气展虹霓。"这是孔佑樨对自己的期许。进入大学一年多，她以自己的实际行动生动形象地诠释了这句话。从各门课业到学生组织，再到社会志愿活动，一路走来，孔佑樨始终脚踏实地。获得国奖既是至高的荣誉，更是对她过去一年力学笃行的肯定。

拨云见日，探索求知

回望大一，孔佑樨坦言自己最初也没有立下特别清晰的目标规划，甚至"迷茫"与"焦虑"一度成为自己大一早期的关键词。不过，随着她学习到"播音艺术导论""新闻学原理""传播学原理"等生动有趣的课程，参与到大学生计算机比赛、暑期社会实践等丰富多彩的实践活动，那些迷茫与焦虑的"乌云"逐渐消散开去。她开始对不同专业领域有了更深刻的认识，慢慢感知自己真正的兴趣爱好。"我发现自己不只对播音主持感兴趣，对于一些新闻学的专业知识，我也很愿意去探索。除此之外，我还喜欢参与组织各式各样的实践活动。"大一学年，孔佑樨以行践学，于不断尝试中探知，于积极实践中成长，终于拨开重重乌云，渐渐探索出一条适合自己的求学之路。

"张而不弛，文武弗能也；弛而不张，文武弗为也。一张一弛，文武之道也。"张弛有度、劳逸结合是孔佑樨大一学年的状态。她会投入30%左右的课余时间去放松，为后面的前进积攒力量，保证自己精力充沛地开启下一段求知之旅。在提到自己常用的放松方式时，她不假思索道："散步。在散步的过程中，我领悟着华科大不同的风景与不同人的生活状态。"这一过程让她感到放松，学习工作带给她的疲惫或是压力，似乎都会烟消云散，不再恼人。通过散步，孔佑樨也真正领悟到了为什么智者常言"即使你身处在象牙

---

[1] 孔佑樨，2021级播音与主持艺术专业本科生，国奖获得者。

塔里,也能自如地去生活"。

北海虽赊,扶摇可接

　　大一刚入学时,孔佑樨曾作为志愿者参与当时的国奖答辩活动,当时的她只觉得国奖遥不可及,从未想过要将国奖纳入她的目标规划中。大一一年,她只是每天专注于自己的学习与学生工作,完成每天的任务,便觉得这一天过得充实且满意。

　　"日拱一卒无有尽,功不唐捐终入海。"一日复一日的努力如点滴星光在最后汇成漫天璀璨,孔佑樨做到了!她凭借踏实肯干的态度与吃苦耐劳的精神,为自己的大一写下了一个圆满的结尾——大一两个学期,她的加权成绩均位于班级第一,并且斩获优秀团干、优秀组织部长等荣誉称号。在谈及是什么支撑着她前行时,孔佑樨坦言道:"功利心不会支撑着人走得很远,只有足够的热爱才能让人走得更远。"减少功利心,保持赤子之心,在这个"内卷"的时代,孔佑樨已然用她的实际行动向我们诠释了话中之义。

　　除此之外,孔佑樨还积极投入社会志愿服务。2021—2022学年,她的志愿时长达到75小时。从参与"爱心宿舍"扫楼活动和勤工助学部的岗位体验活动,到成为湖北省统考、"创青春"半决赛、暑期迎新,以及70周年校庆的志愿者,无论志愿服务的平台是大是小,她都会利用自己的能力为活动添砖加瓦,而她自己也在志愿服务中接触到了更多的人与事,开阔了视野,学到了新知。

　　学业、学生工作,社会志愿服务……总结自己的大一学年时,孔佑樨目若朗星,她以坚定的口吻说道:"我的大一生活是一个关于探知、成长、感受与收获的故事。每一次的努力看似渺小,却成就了后来我的一系列荣誉与成就。"

　　"北海虽赊,扶摇可接",时光知味,岁月沉香。在大一的时光里,孔佑樨以一以贯之的努力书写着自己的青春诗篇,终在自己的人生路上留下了浓墨重彩的一笔。

前程万里,快马加鞭

　　"少年的未来里有大海,有日落,有蝉鸣不止的盛夏和永不凋零的鲜花。"孔佑樨以自己国奖答辩的结语——"我欲穿花寻路,直入白云深处,浩气展虹霓"作为对自己未来的期许。她把"浩气展虹霓"理解为继续往上攀登,努力去到更大更广的舞台,拥有从容淡然的态度。"虽然我现在还没有达到这样的境界,但我相信当我真的达到这种状态的那天,我一定找到了人生的方向。"孔佑樨满怀憧憬地说道。

"花自向阳开,人自向前走。"她希望自己加倍珍惜绚丽美好的青春年华,主动抓住每一次机会,勇敢试错,无问西东,只为心之所向,勇敢前行。前程万里,快马扬鞭,前路漫漫亦灿灿。

"人生不设限,敢拼敢闯敢试。"这是孔佑樨自我反思的结果,也是她对学弟学妹们由衷的祝愿。"责任""热爱""勇敢",孔佑樨已然用她的实际行动向我们诉说着她的前行之路。

"在最好的年纪,遇见最好的自己。寒来暑往,秋收冬藏,希望我们来日方长。"

彭美茜[①]：天道酬勤，青山不负

向官傲（2022级广播电视学专业本科生）
赵沁怡（2022级广播电视学专业本科生）

"我见青山多妩媚，料青山见我应如是。情与貌，略相似。"诗人稼轩将自己的情与"青山"联系，表达自己不与奸人为伍的高洁之志。而彭美茜用自己的方式诠释这句宋词——"青山就像理想，它激励人追求卓越，努力总不会辜负你的理想。"确实如此，彭美茜大一一年都在诠释着"天道酬勤，青山不负"。

"术业应从勤学起"

"刚上大一的时候特别迷茫和紧张焦虑。"她说。和其他大多数人一样，在接受新的学习模式时彭美茜也有不知所措的时候。大学的课程相比以往的课程难度较大，课余的时间多了许多，面对同年级优秀的人，她一时间不知道该做些什么……

在反反复复的焦虑下，她却取得了学年91.99的加权分数，位列专业大类第一，在谈及如何在压力下取得理想的成绩时，她给出的答案是：习惯让自己踏实做事。"'哲学导论'这门课对我而言有一定难度，它抽象，而且内容多。临考前我在东九从早上九点到晚上十点多一直在复习这门课，从清晨到黑夜踏实学习的成果让我暂时忘却了焦虑。"这也正是她缓解焦虑的办法："不要过度放大自己的负面情绪，顺其自然，慢慢习惯，尽力做好自己能做到的，渐渐地就会找到属于自己的节奏。"她还将焦虑比作慢性病，可以缓解，只是治标却难以治本，要靠自己摸索，冷静下来想清楚自己要干什么，继而踏实地、勤快地去动起来，才能朝着正确的方向努力。

[①] 彭美茜，2021级新闻学专业（新闻评论方向）本科生，国奖获得者。

"绝知此事要躬行"

"纸上得来终觉浅,绝知此事要躬行。"彭美茜认为学习书本上的知识是远远不够的,作为一名合格的大学生,必然还要有丰富的实践经验。"印象最深刻的是参与了'爱心辅导'的志愿服务活动,"彭美茜说,"我对接到的是一位由于父母身体原因而只能与爷爷奶奶生活在一起的孩子,在给他辅导课程的同时,也促进了自己对这一群体的关注。作为一个新闻人,我更加了解这个社会了。"除此之外,她还参与了三项志愿活动和一个暑期社会实践活动,在2022年的暑期社会实践"牢记总书记教导,奋进新征程"活动中,彭美茜采访了2010年习近平副主席参与我校活动时担任学生主持人的杨柳以及2022年习近平总书记考察华工激光公司时负责接待的市场部经理程浩鹏,在实践中领悟了"到党、祖国和人民需要的地方去"的内涵。

彭美茜认为,要协调学习、社团组织和自由时间活动其实是一件有讲究的事情,要有自己的规划,有时间安排能力的人才会感到自由,而被任务推着走的人只会觉得被裹挟。

"诗酒趁年华"

"没有什么特殊情况的话,每周我是要出去看一次风景的,放松自己能够得到一种更加平稳的心态。"当被问起做过最浪漫的一件事情时,她说:"去年秋天,本打算在长江大桥上看日落,但没掐好时间,从地铁口出来就差不多已经日落了,耳机里播放着《想去海边》,但还是一路走走跑跑去追赶那一轮夕阳。跑过了辛亥革命博物馆、阅马场、黄鹤楼,最后在长江大桥上收获了最后一点日落和一片余晖。"

彭美茜还用"不饱和"来形容她和她的大一学年。"我感觉我的生活是'不饱和'的,现阶段还有很多时间没有充分地利用起来,感觉生活还有更多可能性,还有更多的事情想做,还有很多文字想阅读,很多感悟想书写,很多人想去遇见,很多风景想欣赏。"所以,她对学弟学妹们的寄语中也特别提到了要尽量地去充实自己的生活,作为新闻学子,不仅脑中应有丰厚的知识,脚下也要有泥土,这样才能真正地去理解这个世界、发现自己。

陈天明[①]：心怀梦想，星光不负赶路人

刘琳（2021级广告学专业硕士生）

陈天明用"用心""做事""坚持"三个关键词来形容自己。获得国奖使他朝梦想更进一步，脚踏实地、胸怀梦想、勤奋好学，使他在众多博士生中脱颖而出。世上无难事，只怕有心人，在博士生涯中保持高调做事、低调做人的品格。星光不问赶路人，陈天明用勤奋和拼搏在华科大的画卷上书写着他的传奇！

从业界到学界：人只有先翻过一座山，才能看到更高的风景

陈天明本科毕业后便投身工作。谈及重回学术之路攻读博士的原因，他认为一方面是发现自己对新事物逐渐失去兴趣，不能一直吃老本；另一方面是由于传统媒体发展形势严峻，自己必须走出业界，提升学历与增长见识。

这个决定改变了他的人生轨迹。"当时想先出来读书，因为人只有先翻过一座山，才能看到更高的风景。"陈天明本没有想到自己会读博，他认为读博具有挑战性和神圣性，但当时的他渴望结识更优秀的人，见识更广阔的世面，获得更丰富的知识。因此，他非常感谢导师何志武教授的接收和培养。

笨鸟先飞的觉醒和弱鸟勤飞的行动，铺就国奖之路

陈天明对获得国奖深感荣幸，能在众多博士生中脱颖而出，他认为是笨鸟先飞的觉醒和弱鸟勤飞的行动，成就了今天的自己。由于本科和硕士阶段的理论积累和方法训练比较薄弱，博士阶段成为"恶补"的好时机。这使得他在科研之路上，比别人付出了更多的努力和汗水。勤奋刻苦、奋勇拼搏，像一道光，持之以恒，永远闪亮着光芒！

陈天明能够在众多竞选者中脱颖而出获得博士研究生国奖，他认为主要是因为运气好，当然也离不开努力。"因为学院的博士生都非常优秀，竞

[①] 陈天明，2019级广播电视与数字媒体专业博士生，国奖获得者。

争非常激烈,此前从未奢望能获此殊荣。唯有比别人早一点出发、多一点努力,用持之以恒的耕耘去弥补知识和能力上的不足,方可不断提升自己的学术素养,逐渐进步,终有所成。"

获得国奖,陈天明表示最想感谢的是导师和爱人。导师何志武教授给予了他很多帮助、关心和鼓励。"刚入学时,自己的基础比较薄弱,何老师在学术思维、科研规划、论文写作等方面把我引上路,扶上马并送一程。"爱人一直默默支持他,"我爱人也是老师,还带两个孩子,承担了大部分家庭事务,让我没有牵绊、心无旁骛地投入科研"。

深入田野,把论文写在祖国大地上

为了提升学术能力,陈天明自学了统计学方法,完成了博士期间第一篇学术论文《新冠疫情期间学术"云"讲座认知如何强化大学生持续分享意愿:一个有调节的中介模型》,该论文在《新闻学研究》(A类权威期刊、TSSCI)上发表。此外,他历经艰苦探索,在《中国编辑》(CSSCI、北大中文核心)上发表论文《场景嵌接、多元定制、全息传播:5G时代知识付费的"3C"逻辑》,该论文被《新华文摘》(2021年第17期)论点摘编。

谈到调查研究,他认为新闻传播学科具有很强的实践观照,不能仅仅停留在理论层面,"要深入现场,把论文写在祖国的大地上"。他知道只有走入基层,才能够写出热气腾腾的文章。为探究空间变化给人的生活方式和思维观念带来的影响,读博期间陈天明走出校园,走向田野,跟随导师去荆门进行社区调研。

在未来职业发展规划方面,陈天明计划在社区传播和社区治理方面继续深耕。他希望未来成为一名"双栖型"教师,将工作经验和学术研究相结合,形成具有自身特色的发展之路。

学 长 寄 语

谈到对学弟学妹的建议,陈天明表示要在科研之路上做出成果,不仅要克服心理障碍,更要敢于尝试、敢于突破。"当有盏灯照亮了前面的路,我们才敢往前走;但有时候过道的灯是不亮的,我们需要走到它的身边,它才会亮起。"只要努力往前走,总有一盏灯为我们照亮前行的路,总会柳暗花明!

人生难得有一个梦想,更难得的是朝梦想一步步前进的历程。陈天明胸怀梦想,坚持不懈!星光不问赶路人,时间不负有心人!

李旺传[①]：寻己所爱，静待风起

余祥蓉(2021级传播学专业硕士生)
龙情(2021级新闻与传播专业硕士生)

从"跨专业"到"专业"，他完成了专业知识的积累；从党支书到三好研究生，他完成了实践技能的磨炼；在学术会议和创新实践工作中，留下了他忙碌的身影。他用手中的笔和脚下的路，走出了属于他自己的研究生道路。

归零，再出发

"乐观向上""充满活力"和"目标坚定"，李旺传用这三个关键词形容自己。在采访过程中，对于我们的采访问题，李旺传几乎不假思索便侃侃而谈，而当他被问到"会用哪三个词形容自己"时，李旺传停顿了一下，久久找不到合适的标签形容自己，并表示他并不喜欢给自己贴标签，敢于撕掉标签，才能看到自己的无限可能。从本科阶段的"斜杠青年""师大之星"，到研究生阶段的"科研达人""三好研究生"，李旺传在不断撕掉标签的过程中实现自我突破。

从开心到欣慰再到感激最后趋于平和，对于获得国奖，李旺传始终保持清醒，"加权成绩第一""挑战杯省赛特等奖""C扩学生一作""红树林策划创意团队学生负责人"，光鲜亮丽的标签已成过往，国奖既是对过往的总结，也是对成就的归零。"凡是过往，皆为序章"，荣誉的获得激励他以饱满的状态、平和的心态和向上的姿态面对未来的学习与生活。

深自砥砺，不驰于空想

目标导向使得李旺传对自己的研究生生活有着清晰的规划。在读博深造的目标之下，他为自己制定了"三步走"战略，第一步，在研一阶段，通过专

[①] 李旺传，2022级公共关系学专业博士生，国奖获得者。

业课的学习,打好专业知识基础;第二步,在研二阶段,明确研究方向,深入阅读并产出观点;第三步,在研三阶段,在完成毕业论文的基础上,对研究方向进行再思考和再探讨,为进一步深造做好准备。李旺传步步扎实,声声有力,在专业学习与科研课题道路上拿下了一个又一个"小勋章"。

作为2019级硕士传播广告党支书,他带领支部在"研究生献礼建党百年"系列活动中获得"优秀研究生党支部";作为红树林策划创意团队学生负责人,他带领团队进行了组织架构的调整和发展规划的制定;作为武汉故事的讲述人,他主持参与"武汉城市品牌对外传播"等多项调研活动,活动成果被人民网、新华社等国家级重要媒体报道。学习科研、学生工作与社会实践的多面开花,源于李旺传高效调配的时间管理能力与无愧于心的做事态度。

在时间管理上,李旺传强调块状化时间分配与分清轻重缓急,"块状化的时间能够保证我是沉浸在这个状态里面的,同时还需要根据不同状态对工作内容进行调配,确定好自己最高效的时间段,把这个时间段用来学习"。另外,他还强调,对于多线程工作应有所侧重,根据不同时间节点明确工作重点,并坚持做好学生本职工作。

在采访中,李旺传表明"对得起自己""不辜负信任"始终是他做事的态度与原则,师从陈先红教授的他,将"红门"的"三不"精神——不惜力、不将就、不遗憾——铭记于心,内化于行。他说,过往两年多的成长多得益于导师的言传身教,导师严谨认真的治学态度、始终充满活力的精神面貌激励鼓舞着他不断向前,在他心中,导师就是自己学术和人生路上的灯塔。

知行合一,感悟国之所需

"跨专业"是采访过程中李旺传提到的关键词。为了实现心中理想,李旺传坚定地选择了跨专业读研,而作为一名跨专业的同学,他深知自己在专业知识的积累上与其他同学存在专业区隔的差距。在漫长的学科范式摸索过程中,李旺传扎根基础知识,在导师的悉心指导下,不断提升自己对本学科的敏锐度,并努力尝试学科知识的交叉融合,以求能够更好地服务于现实需要与兴趣相结合的学术研究。

"将远大理想与祖国现实需要相结合,写好'两篇论文',做值得信赖的新时代青年",这既是李旺传对自己过去学习和工作的总结,也是他对自己未来努力方向的期盼。立足于武汉经济重振的现实需要,带领团队研究英雄武汉城市品牌塑造与传播策略,李旺传身体力行将论文写在祖国大地上。

"这句话听起来大家可能觉得有一点空,但我觉得做起来并不困难",李旺传认为我们每个人都要确定好自己的目标,只要是对这个社会发展有现实价值的,无论是哪个岗位,都是将个人的远大理想和国家现实需要相结合起来,希望大家都能够奔着这样一个目标前行,能够让自己脚下的路更加坚定。

寻自己所爱,成为你自己

"处在这样一个'内卷'的时代,就算自己不想努力,也会被迫着努力,每个嘴上说着要'躺平'的人其实都在各自努力着。"对于"内卷",李旺传谈到,我们处在这个"卷"到飞起的时代,千万不要因为别人的节奏而扰乱自己的心,每个人起飞的时间有早有晚,或许你只是在等待着专属于你的那阵风。

"希望学弟学妹们能够在仰望天空的同时,不时望望脚下,在星辰大海的征途中,也要学会小憩一下。在'卷'到飞起的时代,沉下心来,找准自己的一生所爱,朝着自己的热爱坚定地走下去。"

王沛佳[①]：爱笑的女孩子实力都不会太差

马秋华(2021级新闻与传播专业硕士生)
王文卓(2021级新闻与传播专业硕士生)

王沛佳用"活在当下""不要强求""笑点很低"三个关键词来形容自己，对于她来说，获得国奖是一次水到渠成的圆梦。在华科大1037号森林里，她专注当下，享受学习过程，一步一步地走出了自己硕果累累的科研之路。她也是一个爱笑的女孩子，用努力和汗水书写了这样一段幸运而必然的故事。

荣获国奖，用努力造就幸运

凭借出色的科研经历，王沛佳在佼佼者云集的国奖竞争中脱颖而出。导师与她合著的论文《5G技术背景下传媒领域的变革特征、演化趋势与延展路径》成功发表在CSSCI期刊上，并被《新华文摘》论点摘编。她参与了中国新闻史学会2021年学术年会并做主题演讲；此外，她还参与了导师的国家社科基金项目。

对于获国奖这件事，王沛佳表示："最想要感谢的人是导师李华君，没有李老师的耐心指导，就没有我现在的学术成果。最感谢的经历是在导师的国家社科基金项目中参与了结项书撰写的工作，这充分锻炼了我的学术能力。"

脚踏实地的科研经历让她荣获国奖，回望这段经历，她却仍然觉得自己幸运。这份最初"没想到自己能获得国奖"的幸运，生根于她日日夜夜的努力中，在导师的培育和项目的磋磨中开花结果。

坚定使命，以初心和热情踏实奉献

作为中共党员，王沛佳说"党员最重要的是要和群众紧密联系，有一颗

[①] 王沛佳，2021级广告学专业博士生，国奖获得者。

服务的心",这种使命感体现在她紧跟国家发展需要的科研项目中,贯彻于作为班长为同学服务的每一天,尽己所能,勤恳奉献。

王沛佳与导师李华君关注"讲好中国故事"与跨文化传播,探究人工智能技术与高校教育的融合,紧跟国家对于国家形象宣传和高校教育改革的迫切需要。以自己的科研工作助力国家发展,这也许是每一位科研人员最崇高的爱国之心。在学术之外,王沛佳带着一颗服务同学的初心做了三年的班长,在平凡琐碎的工作中她尽职尽责地做好沟通的桥梁,努力去实现班级同学们的联谊愿望,在每个"焦头烂额"的学期末依然私信发送重要信息给每一位同学,确保无一人掉队。

不忘初心,坚定前行,王沛佳在学术上用科研成果报效祖国,在生活中用尽职尽责、润物无声的班干精神服务同学,始终紧握党员的初心与使命。

研途漫漫,唯勤奋与坚持不可辜负

"在学术方面,无论是'大佬'还是'小白',都需要阅读大量的书籍,积累深厚的理论基础并且对知识有深层独特的见解,而这一切都需要勤奋和坚持。"

在王沛佳眼里,勤奋和坚持令她在学术道路上持续前进。"我有一篇论文《5G技术背景下传媒领域的变革特征、演化趋势与延展路径》[发表于《宁夏社会科学》(CSSCI)2020年第6期],其中的内容涉及传播学、经济学、政治学等多个领域的知识,但我当时对传媒产业又不甚了解,所以就下苦功夫啃下了几本大部头的经典书籍,这才融会贯通写出论文。"豁然开朗之前,必是长期的积累。

"要享受过程,享受收获知识的快乐。"她时刻保持积极乐观的心态,这也让她在钻研学术的道路上不忘欣赏"研途美丽的风景"。

"希望大家能比我更优秀。"王沛佳有这样一句话想对学弟学妹们说。她乐观而明媚的笑容感染着身边的人,也照亮着她攻读博士学位期间的路。

龙情[①]：坚持你所热爱的，
热爱你所坚持的

王浩霖（2022级新闻与传播专业硕士生）

龙情，曾获评华中科技大学2022年度硕士国家奖学金、优秀共青团员、优秀学生干部、一等学业奖学金、知行奖学金等。发表会议论文《照"看"小皇帝：城市家庭的养育焦虑与数字亲职实践》《积极公关视角下的政府道歉：哲学基础、权力构型与传播策略》；其作品《做自己的朋友》获湖北省短视频一等奖。

龙情将自己走过的路概括为"幸运""坚持"以及"方法"。她既幸运于导师的帮助与鼓励，又幸运于朋友们的信任和陪伴；她向来坚持自己的选择，无畏任何困难，要做就做到最好，这是她的人生信条；她坚信方法是要不断调整的，状态是要不断平衡的，掌握了正确的方法才能笑到最后。

路遇良师："杰哥对我的帮助很大"

龙情在研究生阶段始终坚持打牢学科基础，同时潜心科研与写论文。在这段路上，导师对她的帮助和鼓励尤为重要。龙情在采访中不断提起她的导师"杰哥"，幸运于自己能够路遇良师。"很感谢杰哥让我作为一名专硕可以接触到很多学术信息，包括我和杰哥一起合作去做科研、写论文，在这个过程中杰哥真的教会了我很多，能成为杰哥的学生，对我来说就是很幸运很幸运的事情。"龙情说道。

在学业上，龙情以专业第五的成绩为自己的研一生活画下了句号；在科研论文上，龙情曾参加"2022中国故事国际传播高峰论坛"，跟随导师进行学术汇报《"我的甘孜兄弟"：媒介景观的地方性生产以及多重叙事——以丁真走红为例》，这篇文章成功入选由陈先红、李旺传主编的《中国故事国际传播研究报告》；参与导师课题并作为第二作者发表学术论文《照"看"小皇帝：

[①] 龙情，2021级新闻与传播专业硕士生，国奖获得者。

城市家庭的养育焦虑与数字亲职实践》；参加第十四届 PRAD 学术论坛暨第六届 PRSC 学术年会，且与导师合作的论文《积极公关视角下的政府道歉：哲学基础、权力构型与传播策略》被成功收录在年会论文集；参与导师 2022 年度国家社科基金项目的申报工作，并成功立项"青年项目"。

即便种种成就加持，龙情却依然姿态谦逊，言语之间皆是对导师和朋友的感谢。

掌握方法：热爱与坚持缺一不可

除了学习与科研，龙情还将自己的热情挥洒在了生活的方方面面。

在学生活动中，龙情不仅是班级团支书，还作为宣传部成员活跃在院研会，作为新闻中心主席团成员奋战于校园活动一线。在此期间，她带领支部成员荣获"十佳团支部"称号、策划多场校园创意活动，并多次获校级媒体宣传；此外，她还参与了 5 部微电影拍摄，其中《攀登者》获校级"讲好华科大故事"一等奖，《做自己的朋友》获湖北省短视频一等奖。至此，龙情在华科大的每一处都留下了自己的足迹。

龙情从不对自己设限，因此，她在校园生活之外还积极参加专业实习，并取得了不俗的成绩。龙情曾作为《21 世纪经济报道》实习记者独立产出文章 20 余篇，累计阅读量破 100 万次，相关文章被新华社、澎湃新闻转载；曾作为网易人间工作室成员产出多篇"10 万+"爆款文章，两周实现盈利超过 100000 元；参与腾讯内容策划相关工作，如北京冬奥会系列策划、冰雪模特大赛活动策划、陈一冰基金会珠海系列传播策划等。

在如何平衡自己的学习和工作的问题上，反复被她提及的两个词分别是"热爱"和"坚持"。"有些事情其实是很枯燥的，需要你有热情有信仰，才能够坚持下去。"龙情认为"热爱"是可以抵御枯燥和忙碌的，而自己又恰好是一个能够坚持得下来的人。

"我是喜欢多线任务的人，杰哥说我像斜杠青年，不太闲得下来。"她建议大家利用琐碎的时间去处理事情，最大化利用有效时间，同时寻找主要和次要，将自己的时间向重点任务倾斜。

学会自渡：理想主义者至死不渝

龙情将自己形容为"理想主义者的天马行空"。

"理想主义者这个词是杰哥跟我说的,他想让我现实一点,因为我的想法可能难以落地,要做一些现实一点的打算和规划。"不过,虽然有导师的建议,但龙情还是想坚持下去:"不能实现也没关系,我会一直将理想留住,等到50岁的时候拿出来看看,它会让生活变得更有意思。"

很多人都曾经或正在徘徊于现实和理想之中,既试图坚持理想,又恐现实将理想湮没。在理想与现实之间,龙情有自己的一套方法。"学会自渡很重要",她始终认为最重要的是自己有所准备,自己去帮助自己,当自己的努力足够多,其他人自然而然地会来帮助你。

龙情认为最重要的是"坚持你所热爱的,找到你所热爱并愿意为之奋斗的"。不论是现在还是未来,我们都可能遇到很多困难,但最终还是要用包容的心态面对,她表示,"迎难而退"有时候也是一种方法,遇到困难之后我们可以适当停下来,休息一下或者换种方法从头来过。生活没有捷径,也没有无解的困局,理想主义者永远会带着她的天马行空,奔赴下一段旅程。

罗紫菱[①]：行而不辍，笃行不息

代欣园（2022级传播学专业硕士生）

罗紫菱，曾获评华中科技大学2022年度硕士国家奖学金、社会活动积极分子、一等知行奖学金、一等学业奖学金等。发表 One-sided Versus Two-sided: A Novel Opinion Dynamics Information-Type Education-Based Hegselmann – Krause Model、《"深度伪造"信息的风险传播与媒体责任治理路径研究》等论文。

用心耕耘，静待花开

"优于过去的自己"是罗紫菱的人生信条。在采访过程中问到这个问题时，罗紫菱的目光坚定。这也正是她学习与生活的真实写照。

对于专业课的学习，罗紫菱认为是一个长期性、不断突破自我的过程。永远做得比过去的自己好一点，在这样的心态下，罗紫菱总是选择勤奋和努力。研一、研二期间，罗紫菱完成各门必修和选修课程并获得了优异的加权成绩91.64，专业排名第五。在学习中，罗紫菱在写课程论文时精益求精，阅读大量参考文献，不断拓宽自身的专业知识面。

除了名列前茅的课业成绩，罗紫菱的学术成就也硕果累累。在读期间，她积极参加了2021 IEEE International Conferenceon Systems, Man, and Cybernetics(SMC)、2020年计算传播学年会、2021年中国形象与全球传播研究生会等国内外知名会议，并荣获上海外国语大学"优秀论文二等奖"。

在导师指导下，她先后发表了一系列高水平论文。与此同时，她积极参加科研项目，如参与人民网国家重点实验室重大课题"面向社交媒体内容的政治立场与诱导手段识别技术"、华中科技大学铸牢中华民族共同体意识研究基地项目等。

学术之路上，她一步一个脚印，在锲而不舍、勤学修行中不断前进。

---

① 罗紫菱，2020级传播学专业硕士生，国奖获得者。

笃实担当,步履不停

对于学术研究,罗紫菱十分注重研究意义与社会价值,坚守自己的学术追求和责任担当。在采访过程中提到选题挖掘时,她认为好的选题需要具备的要素比较多:较高的社会价值、精准的理论应用、严谨的研究路径等,而不是追求精致而言之无物、"高大上"而不能落脚于现实。

罗紫菱指出,发现好的选题其实是一件非常困难的事情,特别是刚刚入门科研的学生对于选题的判断力不足,可能会忽略很多好选题。在这方面和导师的交流尤为重要,因为导师有丰富的研究经验,因此能够在较短时间内判断选题的价值,并提供一些较新较好的研究思路。

除了学术研究之外,罗紫菱秉持"百事躬行"的态度,积极投身实践,在校外、学校、学院组织的各项志愿活动中步履不停,包括学校的急救培训、武汉义工联盟和校内的各种义工活动,连续两年获得华中科技大学"社会活动积极分子"荣誉称号。罗紫菱说这是一个"利他也利己"的过程,参加这些义工活动让自己在帮助他人的过程中也丰盈了自我。

坦然直率,大步向前

诚实率真是罗紫菱给人的直观感受。在采访过程中我能感受到她对身边人妥帖的温柔。她既成熟理性,又不失可爱,还有一分新传学子对社会的敏感与判断力。

罗紫菱坦言,和绝大多数研一学子一样,刚步入研究生阶段时也感到"研一的时候各种课程、展示、结课论文以及科研工作都聚在一起了,人会尤其崩溃"。对于平衡学习与科研,罗紫菱真诚建议要"调整好自己的心态,一步一步地去完成每一项工作,过于急躁或者过于纠结反而会让自己陷入一边内疚痛苦一边必须工作的状态。事情到眼前了,就赶紧去做,肯定能完成的"。也许"动起来"本身就是最有用的"平衡公式"。

除了完成学业任务外,罗紫菱的爱好涉猎广泛。她日常坚持瑜伽和跑步运动,同时还参与骑行、爬山等户外运动。空闲时光罗紫菱还会进行针织、编织、绘画等手工活动,或者阅读《无人生还》《五只老鼠》《永恒的终结》《童年的终结》等侦探、科幻小说。在身体与灵魂的双重道路上她大步向前,不断成长。

刘通[①]：追风赶月莫停留，平芜尽处是春山

代扬（2022级传播学专业硕士生）

刘通，曾获研究生国家奖学金，连续两年获华中科技大学三好研究生、研究生一等学业奖学金等。代表性学术论文发表于权威学术期刊《新闻大学》；文学作品获第二届"钓鱼城"大学生中文创意写作大赛二等奖；新闻评论作品获人民日报客户端、中国网、中国经济网等主流媒体转载十余次。

"学术尖兵自新闻"

"我对学院第一印象就是那句'学术尖兵自新闻'，说明我们学院特别注重对科研能力的培养，这是件令人欣喜自豪的事情。"在国家奖学金答辩现场，刘通在个人汇报的PPT中放入了研究生入学时拍摄的一张照片，那是新闻学院门口悬挂着的两条迎新横幅——"学术尖兵自新闻，愿君初来若春风""一见倾'新'，'喻'见你就是最好的安排"。在刘通看来，"学术尖兵"是学院对新生的殷切期望，他愿意以此作为自己研究生阶段的目标。

专业成绩第一，在权威刊物发表论文，参与国家社科基金重点项目等多个科研课题，参编成果获武汉市网信办全文采纳……一系列成果的取得很好地契合了刘通当时给自己设下的定位与目标，也渐渐让他成为大家眼中的"学术尖兵"。他坦言："成为学术尖兵是自己的理想和学院期望之间的一种契合，我算不上尖兵，但愿意朝着这个方向不断努力。追求学术也不是自己最初的理想，选择这条道路，存在一些奇妙的偶然的因素。"

在追求学术科研的道路上，刘通经历了一个奇妙的转折。"大学时热爱写作，那时的念头有些单纯，想着在科研之余或许能有一些时间和机会来从事写作，就这样尝试着去接触学术工作。"然而现实很快将他"宛如一个热气球般的"作家梦想拉回地面。在接受科研训练的过程中，他逐渐发现文学创作与学术写作之间存在着诸多差异。"文学创作和学术写作存在着深深的

[①] 刘通，2020级传播学专业硕士生，国奖获得者。

割裂之处,小说或诗歌的写作过程往往是反逻辑、非理性的,而写论文就很讲究逻辑和理性。"尽管如此,文学创作的经历以及由此积累的写作功底也为他的科研工作带来了一定助益,大学时养成的良好写作习惯时刻提醒着他"思考如何把文章中每一句话都尽可能写得'漂亮'"。"在论文投稿前,我们几乎对文章的每一句话都加以斟酌,考虑它的表达是不是足够妥当。"正因为此,在匿名专家评审中,这篇和导师合作完成的论文在语言流畅的指标上得到了满分。

随着对科研工作的理解不断加深,刘通渐渐萌生了投身学术的兴趣。"写作似乎是求学生涯里的一道线索,最初是写小说,后来则是写论文。虽然都是写作,但两者明显代表着两种截然不同的生活方式和志业目标。由此及彼,或许是人生里的一个小小转向。"读研之后,刘通逐渐决心以学术为志业。

在刘通看来,完成一篇高水平的学术论文,真正的困难在于厘清整篇文章的思维逻辑。"对我自己而言,起初认为实证研究最大的困难来自研究方法,比如数据分析的手段和策略,但实际上真正写完一篇论文之后,才发现这个地方恰恰是最没有那么困难的。最大的难点,可能在于厘清整篇文章的逻辑。"他认为,从 idea 的产生到论文的最终完成,需要经历反复修改和思维多次迭代的漫长过程。"面对海量的文献,有时会感觉有些无所适从。文献阅读得越多,越觉得自己渺小,大脑越混沌。如何在混沌之中找到确定,在海量的文献中找出自己关心的问题并组织好思维逻辑,这需要不懈的坚持和足够的心理准备。"

刘通认为,成为一名合格的研究者需要具备充足的理论积累和扎实的方法训练,同时还应具有开阔的视野和关注前沿的意识。与此同时,他还有两点独特的体悟。其一是应该把控科研小目标的难度。"有学者认为,对于人文社科领域的初学者而言,最理想的阅读书目既不是那种可以轻易 get 到全部思想的著作,也不是那些在自己看来完全不知所云的著作,而是那些需要付出一定努力后,刚好能够'啃'下来的理论著作。我想提升自身学术能力的过程也是如此。要尝试去做那些对于当下的自己具有适度挑战的事情,一方面可以避免承受过高的压力,另一方面也可以避免自己一直停留在舒适区内,保持较为稳定的学术成长。"

其二是应该保持对学术的热忱和对传播现象的充足好奇。"我们的思路应该保持活跃,也应足够关心当下的传播现象。比如,对于新闻传播研究者而言,社交媒体既是日常的生活和社交工具,也是重要的研究对象、研究场景和学术生产工具。近年来,有越来越多的青年研究者活跃于各类数字平台上,'选题在云端',在当下的传播现象中找到了兼具理论价值和时代气息的研究问题,他们可能是值得学习的榜样。"

"喻"见师友,学在华科

"学校的老师和同学们都比较努力、务实,给人一种快速向前的感觉。"刘通非常看重在华科大学习生活的三年时光。在这里,他有幸结识了自己的恩师和好友,获得了参与学术训练的宝贵机会。"导师的一言一行影响了我对科研工作的认识,他常叮嘱我要认真地对待自己的学术作品。"在修改论文时,导师曾以自身的科研经历为例,鼓励他不断打磨自己的学术作品:"写论文如同行军作战,坚持到最后,便能有所超越……我自己的文章一般会打印出来反复阅读,不停地修改,争取把它改到尽可能接近完美的状态。"这样的言传身教给刘通留下了深刻的印象。"我还记得那是八月的一个晚上导师发来的语音,它一直被我收藏在微信里,时不时拿出来听听。"

"我也要特别感谢我的研究生舍友们,他们是这三年时光里很特别的存在。"回顾和舍友们一起学习和生活的点滴,刘通感慨颇多。"我们宿舍会不定期举办各种各样的活动,有时候会在一起讨论某一位舍友的选题,大家给他提意见,帮助他打磨自己的论文,有时就是单纯的聊天,或是一起参加各种各样的体育活动。"舍友们的陪伴和帮助成为他前进路上的强大动力。"科研的道路上总有起伏,生活里也有阴晴圆缺,在最低落和最消极的一段时间里,我们几个人给彼此打气。真的很感谢这几位舍友。"

如何平衡学业和日常生活的关系,可能是每个研究生面临的基本问题。刘通认为丰富的活动参与至关重要:"有学者认为,对非学术活动的参与有利于提高他们的学术产出。在科研生活之外,可以通过参与各类活动来丰富自己的业余生活,培养多方面的兴趣爱好,要多和身边的同学朋友们交流,要建立自己的社交网络,要有自己的精神世界。"

"在春天消失的地方,我再次出发,轻装上阵。身体里的每一颗牙齿,它们老的老,新的新,仍然随时愿意献出一切,仍然随时准备组成呼之欲出的另一个我,启程在青草沿边的未来之境——我从未感受自己的材质是如此之新,如此轻盈。"这是刘通在个人公众号里写下的一段话。在科研学习之外,他仍在保持着写作和记录的习惯:"写作的过程也是反思的过程,停下来写一点文字,常有意外之喜。经此过程,我们与世界的联系似乎更加紧密,人生更加丰盈,并得以对过去的一切得失加以省思,继续赶路,不断向前。"

熊程心子[①]：满怀热情去做，力求自己做好

田敏轩(2021级广告学专业本科生)

她自信地走上自强标兵答辩会的讲台，不矜不伐地进行答辩；她的言语从容而舒缓，将丰富的义工活动经历娓娓道来；她的笑容中透露出对生活的热情，一种恬淡和温情洋溢出来。

她就是熊程心子，曾获新生自强奖学金、校三好学生奖学金、国家奖学金，也是一名优秀的共青团员。她参与校内外多项义工活动：手工义工、主图、地铁长期义工、"蓝信封大使"、江汉关博物馆讲解员……她怀着真挚和热忱对待每一项义工工作，在繁忙的学习之余，尽量把义工工作做到尽善尽美。

初次接触，心生向往

本次申报"志愿服务类"自强标兵的熊程心子已参与义工种类12种，获得义工工时113个。7次手工义工活动，6次主图义工服务，长达1年的"蓝信封大使"和江汉关博物馆志愿讲解员让她拥有了精彩有趣的义工经历。

熊程心子说："在高中时，政治老师讲述了他作为大学生志愿者参与儿童志愿服务的故事，我很敬佩他，也对义工活动有了新的认识。"大一上学期，学长救助流浪狗的义工活动经历让她第一次知道学校有些类似的活动存在，并产生了参与的兴趣，"能去接触到流浪狗，为它们做点事情也挺好的"。大一下学期，她参与了学校的手工义工活动——制作羊毛毡、中国结、丝网花等。

"我最喜欢的活动是羊毛毡，我很喜欢那种毛茸茸的触感，可以把一团羊毛做成一个有形状且很可爱的玩具。我第一次扎的是一个草莓。当时扎完后觉得特别开心，还发给我身边很多人看。"丝网花的活动中，她从一开始

---

① 熊程心子，2020级新闻学专业（新闻评论方向）本科生，国奖获得者。

只能制作很普通的一朵花到做出美观易辨的郁金香,"因为做得好看,被买的概率会更高。一开始就是想参与体验一下,后来觉得不能只是自己开心,应该让这件事产生更大的效应"。

她在活动结束后查阅更多的教程,提升动手能力,把手工培养为自己兴趣爱好的同时,也希望更高品质的手工品可以帮助到更多的人。

心与信相印,陪伴走过成长的荆棘

除了校内的手工义工活动,熊程心子还参与了社会中的志愿服务。其中,在"蓝信封大使"的活动中,她享受了"双向奔赴"的给予和获取。

2021年4月,熊程心子参与了"蓝信封大使"的活动,配对的孩子是一个可爱的小妹妹。一开始的她很忐忑,不知道如何回应小妹妹的问题,担心过自己的回信不够完美不能帮助到她。在与指导老师的交流中,老师支持她表达自己的真实想法,于是她积极和小妹妹进行深入的探讨,找寻问题背后的原因,帮助小妹妹认识到内心情感。在培训过程中,她学习了与孩子们交流的技巧和方法,思考如何用平等的身份和孩子沟通。在与小妹妹的交流中,小妹妹对她的大学生活非常感兴趣,她便向小妹妹介绍她的社团活动、分享学校里可爱的小猫,她希望自己的分享可以让小妹妹坚持在学习之路上前行。

随着活动的开展,陪伴成了熊程心子和小妹妹通信的关键词。他人的陪伴与倾听,在留守儿童的成长路途中往往是缺席的,这也是他们内心最渴望的珍宝。熊程心子不认为自己的角色是一个指导者或者引领者,她想做的和能做的,只是去陪伴信纸另一端的那个灵魂。她们一起在嘈杂的短信息交流时代为彼此的心保留一段需要沉思和总结的空白。熊程心子和小妹妹以朋友的关系在书信中相互鼓励,共同进步。她从小妹妹稚嫩的言语中读取每一个微小但重要的情绪,她努力呵护与引导小妹妹细腻敏感的心灵。同时她也感受到了来自远方小妹妹的关心,这份关心也成了支持她前进的力量。

熊程心子说:"我在信中能感受到小妹妹是一个努力上进、关爱家人的孩子,在比较困难的生活环境中她仍然积极向上,我感到自己处在一个非常幸运的状态,当然也要更好地生活,鼓励和关怀小妹妹,期待自身的力量可以为小妹妹的生活增添独特的味道。"

她不会去保持完美形象的假象,也不会去"成为"一个总是顺利的人,因为她明白，共情和陪伴本身就是最大的意义。当她在陪伴小妹妹的时候，也万分感谢小妹妹的陪伴。"蓝信封大使"对于参与者来说是双向的情感给予，是一场有关真诚的心灵碰撞，在信纸的串联下，熊程心子和小妹妹在传递爱的同时，也感受着爱与被爱的力量。

物与情相融，感受跳动的脉搏

2021年10月，熊程心子通过了阳光俱乐部的三次考核，正式成为一名江汉关博物馆的志愿讲解员。正式上岗后她发现平时背诵的讲解词与实际讲解路线不完全相同，那么如何调动大家的兴趣，使大家感受汉口开埠以来武汉这座古老而又年轻的城市跳动的脉搏；如何配合博物馆的文物实况；如何将讲解路线安排得流畅妥当，都是实际讲解中需要解决的问题。熊程心子会在讲解当天提前去走游客们观赏文物会走的路线，按照实际情况核对和安排讲解的顺序，让自己保持更好的讲解状态。

"我第一次讲解的时候还是挺紧张的。一边讲一边飞速回忆下一部分的内容，既要保持站姿端正，又要面向参观者，还得时刻注意讲解手势等。很高兴的是，第一次讲解时就有一个老爷爷全程听得特别认真，讲完之后对我和蔼地笑着说'谢谢'。老爷爷的表现就让我很有成就感，我觉得讲解的工作得到了认可。"

她珍惜每一次讲解的机会，为单调的讲解词增添了有趣的细节，为参观者带去历史体验的同时也让自己了解到更多的人文知识、历史知识，增强了自己在公众场合表达的勇气和能力。

发散微光，与爱同行

一场突如其来的疫情让那个冬天不再平凡。在这场没有硝烟的战争中，社区志愿者的付出和奉献不容忽视。志愿者勇担重任，主动作为，传递爱心和信心，为战胜疫情贡献自己的力量。大一寒假，熊程心子担任了社区防疫志愿者，跟随社区工作人员张贴最新的防疫政策通知，了解各小区门口是否按照规定落实防疫措施。她还打电话询问每一个需要买发热相关药品的人的具体信息："您买药的原因是什么？""您现在体温是多少？""您的具体地址是哪里？"一开始，她不太清楚整体的操作流程，打电话时会磕磕巴巴、遗漏问题，与电子信息的记录也不能完全同步。经过一段时间的历练，她的声线平稳、流程顺畅，完成了自己的工作。通过这次活动，她更加了解了社会现实，进一步提升了自己的社会责任心，从而更多地去关注社会上发生的事情。

她在大二时作为党员志愿者，迎接新生入校。她帮助新生搬箱子和拿积压的快递，为他们介绍哪里的食堂好吃，使他们能更快地适应入学时忙乱无措的生活。"我大一时的志愿者学姐对我非常好，我也想要传递这样的感情。也许他们的入学体验感不错也会想去做这样的事吧。"

大二下学期开学之际，她第一次以"志愿者"的身份参与到核酸检测工作中来。"工作时需要一点小机灵，指导大家从无序到有序，组织更好的语言给同学们提示流程，减小大家走错的概率。一整个下午到晚上，我琢磨了很多次什么样的表达最能准确地描述方位。从'同学请往后面走'到'同学请往后面看，往后走'最后到'同学请往旁边的夹缝里直走'，希望能做到用精练的语言最大限度地帮助前来做核酸的同学。"6个小时登记了570人次的信息，说了570次"同学请出示一下你的健康码，同学你的名字是？"。听到医护人员说志愿者的服务大大减轻了他们的工作量时，熊程心子觉得自己做的事是十分有意义的。

发现一束光，成为一束光

你可以将别人当成自己的一束光，也可以成为别人眼里的一束光。熊程心子在各种义工活动的历练中，不只帮到了别人，也让自己收获颇多。手工义工活动让她将羊毛毡培养为自己的兴趣爱好，在快节奏的生活中慢下来；"蓝信封大使"让她给予小妹妹温暖心灵善意的同时获得了认真生活的动力；江汉关博物馆志愿讲解员让她锻炼了表达能力，丰富了人文知识；社区防疫志愿者、核酸检测志愿者让她深深体会到了防疫工作人员的艰辛，努力用点滴之举助力疫情防控；党员志愿者让她获得了迎接校园新鲜血液的机会，传递华科大人的温暖。

歌德说："你若要喜爱你自己的价值，你就得给世界创造价值。"志愿活动就很好地满足了这一点。人和世界总是一个双向奔赴的过程，世界已经让我们收获很多，我们也要为这个世界做些什么。熊程心子一直在实践中传递一个理念：在满怀热情中，提升自己的本领，为他人献出自己的一分力。

张若邻[①]：心中怀热爱，勇敢去发声

马倩茹（2021级广播电视学专业本科生）

"大家好，我是来自华中科技大学的张若邻。"一年多的大学生活里，人们总能在各种各样的场合中听见她这样介绍自己。身为一名播主专业的学生，她将"用声音传递有温度、有深度的思考，讲好华科大故事，讲好中国故事"作为一直以来的执着追求。

张若邻，来自播主2001班，大二上学期加权成绩90.94分，创班级学期加权成绩新高，位列本专业第一。她多次参加各种省级演讲比赛，荣获金奖、一等奖，曾代表学校及湖北大学生前往北京录制央视网、教育部《红色文物青年说》节目，展现新时代青年风采；也曾在新冠疫情暴发之初，自发报道、传播防疫知识，为武汉战疫贡献力量。对学习生活的清晰规划，对播主专业的不懈追求，还有对新闻理想的崇高敬意，共同成就了现在的她。

坚持显成果，磨砺始玉成

作为一个土生土长的武汉人，张若邻从小就听说华中科技大学的名字。她说："当我的脚第一次踏在华科大的土地上时，我就觉得我是属于这里的。"对华中科技大学向往的种子就这样埋进了彼时还是中学生的张若邻心里。然而高考的失利，却让这一切化为泡影。但她并没有气馁，而是将高考的失利化为"复读"的动力，咬紧牙关，在凌晨一两点继续挑灯夜读，人生第一次体验住宿生活。疫情、网课、听不懂的口音，无一不是张若邻"复读"路上的拦路虎。最终她顶住了压力，来到了她的梦中情校——华中科技大学。

张若邻从未停止她学习进步的脚步。初入新闻学院，作为理科生的张若邻并不太适应大量的文科课程，这让她有些手忙脚乱。第一学期期末加权位于专业第12名，是个不上不下的尴尬名次。但她没有放任自流，而是

[①] 张若邻，2020级播音与主持艺术专业本科生，自强标兵奖获得者。

一步一个脚印,付出比别人更多的努力来踏踏实实地学习并提高成绩。东九的玉兰树、东十二的路灯都是她刻苦学习的见证者。最终,功夫不负有心人,张若邻在大二上学期取得了本专业第一的成绩,实现加权成绩"12→8→1"的跨越式提升。

"功崇惟志,业广惟勤。"张若邻从不害怕落后,亦不向失败低头。她坚信只要坚持下去,总会迎来希望的曙光。

庚子年初,一场突如其来的疫情席卷武汉。彼时还是高三复读生的张若邻走上街头,在武汉周边乡镇进行现场报道,同时传播防疫知识。当时武汉已经出现几百例病例,可张若邻老家洪湖市峰口镇地域较为偏远,当地群众对新冠病毒不了解、不重视,防疫意识不到位,甚至很多人连口罩都不戴。看到这种情况,张若邻心里很着急。她突然想到接受过的有关现场报道的艺考培训,毅然走上街头进行街头采访并科普新冠疫情,希望引起人们的重视。该视频在当地得到了广泛传播,为峰口镇疫情防控做出了切实贡献。

问到张若邻为什么在疫情和复读的双重压力下去拍这个视频时,她说:"我当时并没有想太多,只是觉得自己身为一个武汉人,又有一点播音与主持艺术的专业知识,应该为我的故乡做点什么。"

"无心插柳柳成荫",在此后的一次省级主持人大赛中,要求参赛选手根据抽到的关键词进行新闻报道,而张若邻抽取的关键词恰好为习近平总书记提出的"抗疫精神"。她想到自己街头采访并科普新冠疫情的经历,于是将它灵活运用到比赛中。舞台上,张若邻站在演播厅进行现场报道,在听取前线记者报道时,新冠疫情初期在街头采访的张若邻出现在了屏幕上,看起来还是青涩懵懂的模样。尽管在时间长河中,不同时期的张若邻站在一起,但她想要为人民发声的初衷没有改变。

这次经历让张若邻知道,要想成为一个真正的专业主持人,很多事情必须亲身经历。"书上读到的和去现场亲身感受到的完全不一样。后者才是真正属于自己的,这也会成为你的一大优势。"

同时,张若邻还积极参加各种社会公益活动,在世界中学生田径锦标赛当过志愿者,也在辛亥革命博物馆做过志愿讲解员。在 2021 年暑假前往湖北省丹江口市对"南水北调"进行调研,被评为"华中科技大学 2021 年大学生志愿者暑期文化科技卫生'三下乡'社会实践活动优秀个人"。对张若邻来说,参与志愿活动,力所能及地帮助别人,就是她最快乐的事。"有一分光,就发一分热。"

为华科大发声,讲好中国故事

在谈到自己的专业时,张若邻的眼睛好像在发光,充满了对播主专业的热爱。她说她的专业课巅峰水平应该是在艺考,那时为了联考每天都在不停地训练,从天亮讲到天黑,面对陌生的题目也要做到迅速反应。大学忙着刷加权成绩,反而没有那么多时间去练习。而新闻学院对播主专业的培养更偏向新闻专业,会和新闻大类一起上很多科目,对专业课的培养不像其他艺术类院校那样频繁。

为了让自己的专业课不退步,张若邻参加了许多关于主持和演讲的比赛。大学期间她第一次参加的演讲比赛是"华科大杯",但那次只拿到了优胜奖。从那之后张若邻努力学习专业知识,认真对待每一次专业课,课下与老师积极探讨,写稿时努力征求专业老师的意见……一个个夜晚她在东九楼、东十二楼修改演讲稿直到保安来"赶人",一个个中午她在寝室的镜子前一次次练习,去揣摩每句话、每个动作,反复录音、反复听、反复修改……终于,在那之后的每一次演讲比赛,她都拿到了最高奖项。

她的目标远不止如此,正如本文开头所提到的,"用声音传递有温度、有深度的思考,讲好华科大故事,讲好中国故事"才是她的不懈追求。播音与主持是个需要舞台和别人关注的专业,而华科大给张若邻提供了许多机会:主持"永远跟党走——华中科技大学庆祝中国共产党成立一百周年主题展示活动"、华中科技大学"十佳提案"大赛、"我为群众办实事"大赛,参与华中科技大学"艺心抗疫"晚会演出并朗诵《最美逆行者》等。

在一次次的活动中,张若邻从许多优秀的老师、同学身上学到了很多,与此同时,越是去了解,她便越惊叹于华科大的卧虎藏龙。可或许是因为学校理工氛围浓厚,华科大显得过于沉稳。对此,张若邻认为新闻学院特别是播主班作为一个不停开口去表达、输出价值观的专业,应该作为华科大对外发声的窗口,肩负起讲好"华科大故事"的重任。她努力发掘发生在校园内的传奇人物,讲好发生在身边的故事。

从大学生入伍"携笔从戎,报效国家",传承华科大人"明德厚学"精神的故事,到华中科技大学同济医学院原法医学系主任刘良教授解剖首例新冠肺炎患者遗体,为抗击新冠疫情做出巨大贡献的故事,张若邻认为这些才是讲好"华科大故事"的关键所在。因为真实才有温度。

在中国共产党成立 100 周年之时,张若邻通过了层层筛选,代表华科大学生前往北京录制央视网和教育部共同制作的《红色文物青年说》节目。作为节目主讲人，她将华科大人的精神面貌展现给全国观众，替那些不会说话的红色文物发声，让全中国乃至全世界的人们听到中国历史文物的呐喊。让红色文物的故事不仅仅停留在纸面上，让华科大的故事不仅仅在校友之间传播，而要在日常生活中得到传承和发扬，这是张若邻一直以来想做的事情。

吴奇凌[①]：保研人大，于坚持中生长浪漫

茹开榕［2021级新闻学专业（新闻评论方向）本科生］

正值2021年7月上旬的盛夏，人大（中国人民大学的简称）与上交（上海交通大学的简称）的夏令营刚刚落幕。洗去数小时高铁旅程的疲惫，第二天午睡醒来的吴奇凌，就从亲友铺天盖地的消息中得知自己拿到人大录取资格的喜讯。2022年9月，她奔赴中国人民大学国际新闻传播专业进行深造。

回首来路：在不可控中造就从容

"拿到offer时很开心，立刻下床给家人打了个视频电话。"在吴奇凌拿到人大、上交、清华三所学校的优秀营员后，人大作为一直以来的"白月光"成为她的保研去向。回望当时收到通知的心境，吴奇凌坦言："只有拿到offer时是开心的，后续就开始忙别的事情了。"

谈及过去，吴奇凌笑道，正是因为一些特殊的经历，造就了她坚忍的性格。高三那年学校组织的一次野外拓展中，她从两米高的墙上摔下来，造成严重的骨折与韧带断裂，完全打断了她的复习计划。手术完的四个月，本来想要放弃的她在家人的帮助下坐轮椅坚持上学，参加高考，跨过了种种过去认为"不可能"的藩篱。经历了这些事后，她意识到，人生本就不可控，个人最好的面对方式正是消化与悦纳这些意外。

纵观四年的学习生涯，"DDL（Deadline）是第一生产力"成了她规划学习与生活的座右铭。王昀老师的这句寄语使她颇受启发，凡事不要到最后一刻才开始，可以通过给自己提前设置DDL来督促自己。

锚定航标：走过的每一步都算数

大三期间，在新华社湖北分社实习的经历于她而言是浓墨重彩的一笔。"我一开始并不清楚自己想要深造的方向，在实习中接触了一些国际部记者

[①] 吴奇凌，2018级新闻学专业本科生。

老师。从与他们的交流和实践中逐渐发现,我比较适合国际新闻传播这个方向,于是我主动去做了一些与国际新闻相关的实践。"在这次意义非凡的实习过程中,吴奇凌也意识到自己的英语水平有待提升,便自学去考了雅思。实习与备考并行固然充斥着辛苦,但雅思 7.5 分的好成绩给她带来了积极的反馈。"我觉得在保研过程中,很多时候自己都是怀疑、焦虑的一个状态,非常需要这样的正向反馈来激励自己。"吴奇凌如此感慨道。

在专业课方面,她提到自己能做的就是认真对待,以自己学到的内容为标准来衡量结果。"我觉得学硕的申请还是比较看重科研能力的培养,所以功夫可能需要在日常中积累。"此外,培养自信心也是非常重要的一环。

面临保研期间学习的压力,更多的是心向所爱,孤军奋战的底气与从容。"学习的压力肯定是有的,但是有压力才有动力。只不过我觉得可能很多时候大家都是处于一个高度紧张的状态,可以多和老师、同学进行交流,这样就会大大缓解这些压力。"吴奇凌还提到,她很感谢勤奋的室友们,四年间,她们从相互对话中汲取力量,用实际行动去鼓励与包容对方。

感恩与展望:却顾所来径,苍苍横翠微

孤军奋战的道路上,背起行囊,感激仍怀心间。吴奇凌提到:"想要感谢的人有很多,有帮助我完成推荐信与提供保研相关信息的王昀老师,我们学院的牛静、张明新、王溥老师,帮助我完成准备材料的杨秀清老师和辅导员李思铭老师等。当然还有一起交流、散步的朋友们,以及我的家人们,包括因病离开我的'豹子'(宠物名)。"

吴奇凌一路走来,困境与挑战并存:曾遭遇夏令营前夕阑尾炎被误诊的懊恼,也收获了在目标面前兼具勇气与能力的幸运。当前路未卜,或许一些看似没有意义的坚持不知何时便会派上用场。吴奇凌在给学弟学妹们的寄语中写道:"把握你能把握的,不要为未知的事情烦恼。"

保研之后的吴奇凌,将更多时间花在运动上,还在完成课业与学习的基础上参加了一些科研训练和未来导师的读书会。大四的一年时光,给予她更多时间去享受校园生活,重拾过去因时间不足而没有去做的事情。无论是静坐阅读抑或是走走停停,她仍会遇见从未见过的美景,发掘全新的爱好。

莫问前程几许,只顾风雨兼程。曾在森林大学的绿荫下听蝉鸣声声,再赴一勺池畔赏银杏金黄。"山不让尘,川不辞盈。"永不停步的积累与成长,坚定从容的心态,是吴奇凌前进的帆桨,也是自信与希望之源。

王馨涓[1]：考研复旦，寻寻觅觅，找到人生的"原野"

张伊婷(2021级新闻学专业本科生)
卢奕婷[2021级新闻学专业(新闻评论方向)本科生]

2022年对于广告1801班的王馨涓来说，是一个特殊的值得纪念的年份。在盛夏，她告别这所承载了她四年青春记忆的大学，告别江城武汉。随后的金秋，她奔赴上海，前往复旦大学新闻学院继续深造。

一个看起来"草率"的决定

2021年6月2日凌晨，经过和好友的一番长谈，王馨涓做出了要考研的决定。这一决定全然推翻了她最初的计划——毕业即工作。其实于她而言，做出这一决定并非一时兴起，一次公司的实习经历，让王馨涓开始重新思考做广告在自己心中意味着什么。"我想做有内容的广告，而不是现在的速食广告。"全然改变最初的计划的确是一件需要勇气的事情，最终，她选择给自己半年的时间去备考。"在现在看来是很草率"，王馨涓这样评价自己那时的选择。于她而言，选择考研的最初目的，是希望让自己始终保持一种最积极的学习状态。出于对上海的熟悉和向往，以及对自身意愿和能力的权衡，她最终选择了备考复旦大学新闻学院的新闻与传播专硕，继续在广告、传媒领域追寻自己"滚烫"的人生。

走自己"不设限"的备考路

六七月的武汉，令人烦躁的热浪一阵一阵地反复接力，离开了学生的华科大校园显得格外安静，然而这正是王馨涓开始备考的阶段。一个新事物起步时期往往伴随着未知、迷茫与不确定，同许许多多考研人一样，那时的

---

[1] 王馨涓，2018级广告学专业本科生。

王馨涓也时刻被这两个问题裹挟着:"我肯定能上岸的吧?""我究竟能否上岸?"但出于"不想活得死气沉沉、浑浑噩噩"的想法,对她来说,最舒服的姿态就是每日坚定地执行自己的备考计划。虽然心有畏惧,不清楚自己所做的是不是无用功,但现在回首那段时间,她发现"考研本身就是一条属于自己的路,不一定要效仿别人,走别人的路"。

转眼间到了秋天,初试时间的迫近让王馨涓陡然有了紧张感,"如果按照我六、七月的计划,我不可能复习完"。除政治和英语这两门公共课和一门基础课之外,王馨涓还需要准备专业课考试。不同于科班出身的"新闻人",从广告学转向新闻与传播学的学习过程中,王馨涓清楚地认识到自己缺少实务新闻写作的能力。为了弥补这一短板,她只能将其他课程的复习效率提到最高,拿出更多的时间锻炼自己的能力,"虽然写得不好,但至少要把速度练上去"。除却写作,记背对于新传考研也是不可或缺的"重头戏"。面对庞杂的记背资料,王馨涓采取了"首抓重难点,轮轮循环,反复记忆"的方式,这种方式虽然显得传统,但无疑是高效且可靠的了。至于刷题,"吃透真题,什么弱就补什么"是她备考期间的核心思想,由于高中文综选择题一直较为薄弱,她便将重心转移到选择题上,在反复练习中渐渐保持住了对题目的敏感以及做题的手感。

这六个月的备考过程,王馨涓切实做到了在有限的时间里,选择效率最大化的复习方式。"每个人都有自己的节奏,适合自己的方式最重要。"每当觉得收获了自己满意的复习成果时,王馨涓会给自己买些甜品进行积极的心理暗示。

2022年春节后不久,考研初试结果公布。初试擦线通过,这一结果非但没有让王馨涓的焦灼得到缓解,反而使得她对于复试的态度变得更为复杂,"我想过可能会高分通过,或者不过,但是从来没有想过会擦线通过"。预料之外的结果让她对于考研这件事的想法在悄然间发生了转变。在准备初试的时候,她认为"过程大于结果";但当她真的进入最终的复试时,她也越来越在意结果。"可能这就是考研带给我的'负面'影响,我觉得这样一点都不酷,感觉自己没有以前坚定了,总是会纠结太多。"提及这段经历,王馨涓思索片刻给出了这样的回复。

谈及收到录取短信的心情,王馨涓坦言道:"感觉高兴了几秒,但随之而来的是杂糅着许多情绪的对这段备考过程的感慨。"相较于王馨涓复杂的考研心路历程,她的父母和朋友对她考研的决定却始终给予绝对的支持:"在我初试之前,他们就真诚地相信我已经考上了,我真的很感谢他们!"

人生不是轨道,是原野

面对新传考研内卷化严重的现状,王馨涓选择接受现实,"事实如此,我们就是会很难,说不卷是假的"。个体情绪难以与结构性压力抗衡,能做的只有尽可能调整好情绪,不停思考、明白自己真正想要的和不想要的,愉快充实地过好每一天,通过合理的时间安排是可以达成上岸目标的。

在华科大的最后一个月,除却修改毕业论文与准备毕业答辩,王馨涓选择更多地走出校门,再去切身体验武汉热气腾腾的生活,从过早开始,以江滩轮渡结束。而对于未来的展望,她更希望"做自己想做的事,不被自我或他人绑架"。

对她而言,人生从来不是轨道,是原野。

郭宇龙[①]：考研清华——纵有万重山，轻舟依旧过

卢奕婷[2021级新闻学专业(新闻评论方向)本科生]
徐伊琳[2021级新闻学专业(新闻评论方向)本科生]

春夏之交的江城武汉，阴晴不定，空气里总还夹杂着挥之不去的寒意。2022年是郭宇龙在华科大的毕业之年，虽然他常常对换季的天气局促不安，但是这一年他显得更为沉着冷静。2022年5月6日，在清华大学研究生招生申请服务系统的拟录取公示名单上，郭宇龙再次确认了一遍自己的名字，一颗悬而未决的心终于落地，"我的确是考上了，就像做梦一样"。

"我愿意为我想要的负责"

保研是一条大多数人看起来相对轻松的读研途径，但并不是唯一途径。刚进入大学的郭宇龙，沉浸在逃离了"小镇做题家"的放松之中，没有明确的自我规划，更没有清晰明确的保研意识，而是将自己的时间更多地花在了无助于学习的事情之上。大二结束后，郭宇龙深知自己保研无望，那一刻，他反而更加冷静与释怀，因为他不需要再为寥寥保研名额而拼命"卷"加权成绩，也不需要在朋辈压力面前产生太多的情绪波动。"从我的经历来看，不能保研是个人投入不够的必然结果，我欣然接受。"而那时，距离真正考研还有很久。

2021年郭宇龙的大三生活即将结束，此时也是人生的一个重要分岔路口，而在北京的四个月互联网"大厂"实习经历让郭宇龙更加明确了自己在分岔路口的下一步方向：考研。"我觉得互联网'大厂'的工作模式不是我所设想的，较长的工作时间不仅挤压了我的个人时间，螺丝钉一样的定位也限制了我的个人创造力，我觉得这一条路不是我所想要的。"就这样，考研这一阶段性人生支点横在了他的面前，他明确了自己的前进方向。虽然这段实

---

① 郭宇龙，2018级新闻学专业本科生。

习经历并没有拓宽他在分岔路口面前的选择余地,但意外地让他对北京这座城市产生了浓厚的依恋与向往之情,北京的高校也转而成了他心中一抹挥之不去的风景。

说起"考研",仅寥寥两字,但藏在这两个字背后的是一段充满艰辛与未知的长征。经历了高考的洗礼与淬炼,相信很多人对于考研这件事情是排斥的,因为早已失去了面对密集型、高强度学习的那种定力与冲劲。"高强度的学习当然是痛苦的,但在大学的前三年,我未免太过于松懈,所以我试着说服自己接受这样高强度的学习。"考研的艰辛还远不止备考阶段没日没夜地背书复习,更多的是一场与自己的"心理战":是时刻将自身能力与想象中的高标准对照以后发生的叹息;是过程中屡次处在自信与没底气之间挣扎的痛苦;是对放松或荒废几个小时之后可能最终产生坏结果的焦虑……"不管考试的结果如何,通过这半年左右的认真学习,可以重拾我对生活详细规划的能力,重拾我的学习状态,并且切实学习到新闻专业的一些知识,也不枉做新闻学子一场。"

就这样,他进行了充分的心理建设。2021年6月,郭宇龙走上了属于自己的考研复习时光。"我愿意为我做出的每一个决定负责!"

将生活的原野走成一条轨道

在长达半年的备考时间里,学习似乎是郭宇龙生活的唯一支点。原本的生活被反复折叠,汇成了从寝室、食堂到自习室的三点一线,其间联结的是郭宇龙严格的时间规划。从备考初的9点至18点到冲刺阶段的8点至22点,他的学习时间循序渐进式增长。而具体到每一天,科学的作息安排让郭宇龙在充分备考的同时,也能保证充足的睡眠和休息。

于大多数学生而言,考研备考是生活中少有的将一片原野走成一段轨道的路程,郭宇龙也不例外。暂时摒弃目光所及的其他选项,考研"上岸"的重要性被不断放大,焦虑感也随之而来。

郭宇龙用"百感交集"来形容自己备考期间的心境。除却忙于学习的劳累,对结果的忧虑时常将他裹挟。对他们这般向着未知与不确定进发的人而言,彻底克服焦虑似乎是一个无解的命题。

赋予过程以意义对郭宇龙来说是最优解,"考研这一过程让我开始倾向于将每天的每一刻都规划清楚,一旦做不到我就会焦虑"。不同于有所收获后再回头漫谈付出的重要性,郭宇龙在一头栽进备考日子的同时,也在努力感知着这段独一无二的时光特有的意义。

2021年12月24日全国硕士研究生招生考试前夜，郭宇龙在自己奋战了最后一月的图书馆1048号座位旁，拍下了"成功上岸签"与1048号座位的合影，一如八月那张在东九楼拍下的走廊尽头的照片那样光亮。他清晰地知道，天快亮了，他的备考之路也终于走到了头。

十个月"做成这场梦"

清华大学研究生的拟录取名单发布时，距离2021年12月25日的硕士研究生招生考试已过去了将近五个月，而距离郭宇龙下定决心考研也已十月之久，"感觉像做梦一般"的郭宇龙花了十个月，终于做成了这场梦。

不同于梦的缥缈虚无，这十个月切实地在郭宇龙的生命中留下了或深或浅的印迹。或许是出于紧张备考期的惯性，结束了考研备考的郭宇龙仍然按规划作息。但与备考期间不同的是，未来在他的规划中已初具雏形并日渐清晰。

回望过去的十月，郭宇龙似乎难以找出形容的话语。思索良久，他选择了分享先哲苏格拉底的"认识你自己"。"认清自己是什么样的人，想要实现什么价值是终生的课题，只有认清自己，才不会被社会洪流肆意裹挟，真正找到人生的快乐"，这也是郭宇龙给自己的答案。

纵有万重山，轻舟依旧过。考研结果尘埃落定，指明了郭宇龙未来数年的奋斗归处，却也意味着他即将结束自己四年的大学时光。2021—2022年，于郭宇龙而言，注定滚烫，注定难忘，在华科大剩下的为数不多的日子里，郭宇龙在继续坚持学习和准备毕业答辩的同时，放慢脚步、好好感受大学生活的尾音……"对于即将奔赴的清华，我想好好对待学术，多听听讲座，绝不再虚度光阴了……"这是郭宇龙对自己许下的承诺。

5月中旬的江城武汉，气温渐渐趋于稳定，归于温暖；9月初的北京城，秋意渐浓，红叶满香山，这不仅是时节物候的自然变换，对于郭宇龙而言，更是一段回忆、一种信仰。在未来的人生洪流中，郭宇龙将以更加饱满的热情，更加严谨的态度，向内生长，书写人生的新篇章！

2

群像记忆

标兵寝室韵苑5栋413：山高水长，终有回甘

鲁思琪（2019级新闻学专业本科生）

"我会牢牢记住你的脸，我会珍惜你给的思念。"

当《再见》又悠扬而起，告别随旋律肆意纷飞。此时，韵苑5栋413室宽敞起来，归位的椅子，清空的床桌……就像四年前第一次踏进的样子。

我们从未设想过413室发生的故事将如何精彩纷呈，事实上，一开始甚至有些乏味。来自天南海北的四个人羞涩又内敛，充满寝室的不是丰富的情感与言语，而是小心翼翼的沉默与拘谨。好像是小组作业，好像是校运会一同早起为方阵举牌，好像是微积分期末考前的倾囊相助，又好像是金黄银杏前四个人的欢声笑语……烦琐却珍贵的日常碎片迸发强大的力量，在不经意间推动四个人的命运齿轮，我们逐渐相互学习、彼此支持、分享苦甘。

我们总是想探索华科大人的无限可能。

2020年9月，我们第一次接受校级组织部部长的任命，在本科生党建工作联席会的组织部与宣传部贡献力量，学着承担责任，独当一面。2020年11月，我们带着投身基层、服务人民的信念经过重重考验加入青年马克思主义者培养工程，在实践中获真知，在学习中强基础，践行"请党放心，强国有我"的铮铮誓言。2022年6月，我们在学生工作的道路上步履铿锵，接下校大学生创业实践中心主席团的重任。几年来校、院、班三级的工作中，班团建设、拍摄现场、采访一线、勤工助学、活动赛事都有我们的足迹，也收获了被评校优秀团干5次、校优秀学生干部5次的荣誉。

我们相信薪火相传的力量，坚信志愿服务精神是生生不息的火种。我们积极参与校内活动，在校医院、健康跑、迎新、院楼打扫、湖北省艺考、毕业典礼等活动中体味志愿服务的真谛；线上支教，我们持续关注乡村儿童的成长，从冬到夏，结缘河北、贵州、湖北、甘肃多地的留守儿童，从志愿者坚持做到校"云支教"项目总负责人；回访母校，我们将华科大人的精气神带回家乡，鼓励学弟学妹"喻"见华科大，并获评校社会实践优秀队伍；基层调研，我们将脚步扎进泥土，横立山乡的产业助农、洪山区的人才留汉、焦作市的乡村振兴宣传教育、汉阳区的一街一品与特色党建都使我们受益良多，两人所

在队伍获评《中国青年报》"全国大学生百强暑期实践团队"最佳实践团队。

"秉中持正,求新博闻"的院训无数次闪耀理想的光辉,指引我们在专业的领域持续探索。2022年9月28日,我们悬而未决的心终于落地。分享保研资料、寝室模拟面试的日子历历在目,映入眼帘的已经是南京大学、厦门大学、华中科技大学推免系统中的录取通知。成功"上岸"的喜悦无须赘述,备战中艰苦与煎熬的日子里我们互相支撑,彼此鼓励。两人在大学生计算机大赛中斩获省级一等奖、一个国家级"大创"项目优秀结项、两个省级"大创"项目,我们不断通过比赛在干中学。

步履不停,带给413室的是全员党员、人民奖学金13次、国家奖学金2次、校级优秀寝室荣誉称号3次,并获评校级标兵寝室荣誉称号1次。

一路走来,山高水长,无数个细微却美好的瞬间交织成一张大网,网住珍贵的同窗岁月。又是九月金秋了,413室将有新的故事发生,而我们将在南京、厦门、武汉开启新篇,多多珍重。

"这些日子在我心中永远都不会抹去。"

新闻男足:"我们会等来下一个巅峰,会等来冲甲的那一天!"

陈子豪(2022级新闻学专业本科生)

在新闻学院有这样一支球队,成立了7年,也坚持了7年。

7年来,有新鲜血液的加入,也有毕业的离别,但每当有比赛时,即便是毕业多年的"老成员",也会不远千里回到学校,回到承载着记忆的绿茵场上摇旗呐喊。

他们是新闻男足。

浸湿衣服的汗水、急促奔跑的脚步、飞速滚动的足球,构成了新闻男足的夏天。

这是2023年华工杯比赛中,新闻男足最关键的一场比赛。紫菘的绿茵场上,所有人都紧紧盯着那颗决定命运的足球。

华工杯男子足球乙组第一场1/4决赛,新闻学院男足球队对阵攻势凶猛的航空航天学院男足球队的比赛正在上演着,而此时的点球大战,正在试图以干脆、决绝的结果为此前焦灼的八十分钟画下句点。

4月8日,决赛于下午1点准时开始,正午的太阳"灼烧"着紫菘操场的绿茵草皮,赛场边的矿泉水、功能饮料、伤痛喷雾剂、大鼓早已就位。上、下半场中新闻学院球员精力集中,通过默契的配合化解了对手一次次的进攻,同时也寻找机会组织起一次次的反攻,但也被对手严密的干扰与防守阻挡,双方有来有回,难分胜负,以0∶0进入了点球大战。

点球大战开始。双方球员站成一排,轮流走向点球点,此刻,作为替补球员的罗伟秦站在场边,也开始紧张起来了,心跳加速,两手冒汗。

第一球,我方打进。轮到对方,对方球员大力抽射,而这一球被我方门将王俊博扑倒。一时,众人沸腾欢呼,胜利的曙光仿佛就在眼前。

"但没想到在随后的三轮点球中,我们罚失了两次。直到最后一颗球,对方球员的最后一颗球。踢进了我们就回家,踢不进,就还有机会。"回忆起那颗决定新闻学院男足球队能否冲进半决赛的一颗球,罗伟秦依然很紧张。

罗伟秦是新闻学院2022级本科生,经过一个多学期的训练,成为球队的前锋。由于战术策略的转变,罗伟秦没有作为首发球员出现在这场比赛的赛场上,但他的目光始终跟随着在场地上奋力奔跑的球员。

"我以前没怎么接触过足球。加入新闻学院男足球队,一方面是因为同学夏绎博的带动,另一方面是因为院足球队每年'扫楼'的传统。"罗伟秦特别提到了"扫楼"这个活动。新闻学院男足球队(简称新闻队)每年都会坚持一间间寝室敲门来宣讲招新,新闻学院的男生少,愿意踢足球的男生更少,为了足球队的延续,球队的学长不愿放过每一个有希望让新生加入的机会。

抱着试一试的心态,罗伟秦加入了新闻学院男足球队。"初入球队,我的第一感受就是球队的气氛非常好。整个足球队的学长都会手把手带着你,他们不会因为你踢得差就不带你,他们只会说'小罗,好球!这球踢得不错,就这样踢!'"渐渐地,罗伟秦从一个"足球小白"变成了绿茵场上身手矫健的27号前锋"LOVE",带着学长们与教练的关爱冲刺在最前方。

一年一届的华工杯如期展开。全校的各院球队被分为甲乙两组,甲组多是男生基数多的学院球队,乙组则由实力稍弱且男生基数少的院系组成。进入乙组决赛,升上甲组,是新闻学院男足球队的一个执念。

2023年的华工杯,是罗伟秦参加的第一场正式比赛,教练早早地展开了针对性训练。平时球队每周都要在东操足球小场进行两次训练,华工杯来临前更是坚持每周进行在中操和东操的正式对战训练。每一次训练前都要进行体能测试,绕着操场跑五六千米。

为了提高每一个球员的球技,无论是射门、传球、断球还是防守,教练都非常细心地进行指导。尽管训练强度大、时间长,但是没有人不咬牙坚持。有一次训练经历让罗伟秦记忆犹新。"那是在揭幕赛前夕,训练期间下着大雨,但是整个球队没有一个人因为雨很大而提前离开,这让我十分震惊。"除了日常训练之外,每场比赛前教练都会组织球队全员观看对手的比赛录像,针对不同对手的踢球风格实行不同的应对策略。教练赵凌冬是公共管理学院的大四学生,曾在全国高中生足球比赛中获得冠军,足球技术一流。

赵凌冬2020年开始担任新闻队教练,带领它从一支曾被打到"0∶10"的弱队成长为足以冲击甲组的劲旅。2023年是教练在新闻学院执教的最后一年,他在训练中比往年更加严格地要求球员,希望带领球队完成多年来未实现的愿望。

训练完备,意志高昂,球队又一次踏上了逐梦之旅。所有人都只有一个目标——"冲甲"。3月19日,球队在中操迎战老对手化学队。

开局双方互有攻守,比赛上半场第23分钟,僵局被打破,79号球员龚昊造前场任意球,我方14号球员吾尔肯助跑直接攻门,对方门将来不及下地,球就已经飞入死角。随着这一球破网而入,新闻队收获了建队以来第100颗进球。最终,新闻队以2∶1战胜化学队,首战告捷。这一场比赛罗伟秦作为新球员首发出战,第一次品尝到了胜利的喜悦。

3月25日,依然在中操,球队对阵外国语学院队。外国语学院队实力较弱,一直采取全力防守的策略,我方决定全面进攻,最终以1∶0获得胜利。这一场比赛让罗伟秦斗志昂扬。第三场对阵建规学院队,该队球员实力强劲,进攻犀利,再加上此次比赛胜负事关出线与否,这注定是一场艰难的出线生死战。比赛前半场我方10号球员夏绎博已经一脚射门斩获一分,接下来要做的就是稳定局势,扩大优势。纵使对手在终场前扳平比分,新闻队依然以小组积分第一成功出线。这场比赛结束后,大家都欢声笑语,罗伟秦和大家一样,对"冲甲"充满了信心。下一场1/4决赛,势在必得。

4月8日下午2点30分左右,紫荩的绿茵场上,所有人都紧紧盯着那颗决定命运的足球,希望它可以越过对方防守,冲进球门,画出一道完美的曲线。

对方9号球员一段助跑后,大力抽射,球被重重地踢入网内,但这次,我方门将王俊博没有扑救到这一球。在对手球员爆发出的热烈的欢呼声中,新闻队2023年华工杯的旅途以点球大战2∶4的结果戛然而止。

场下的罗伟秦一时恍惚,不太能接受这个突如其来的结果。虽然稍显落寞,球员们还是像往常一样,在球场中央鞠躬感谢对手,感谢裁判,感谢教练,感谢球迷。赛后在场边,新闻队球员们还拉上航空航天学院队的球员一起合影留念,大喊着"航空冲甲",祝贺对手能够走得更远。

当天晚上,球队组织了一次团建。饭桌上,老球员们向新球员们讲起新闻队的历史,说起7年以来大家"冲甲"的梦想。7年来,有人离开,有人加入,更有人伴随新闻足球走到现在。2023年,许多老球员及教练毕业后各奔东西,球队不是生活的全部,但却是大家不可磨灭的青春回忆。

那晚之后,罗伟秦在心中埋藏下一颗不服输的种子。这颗种子也曾在教练和新闻队球员的心里扎根。这是薪火的传承,是命运齿轮的转动。有这颗种子在,新闻队的"冲甲"之路就会不断延伸下去。

赛后,一位即将毕业的球员在朋友圈里说道:"一时的失败不会让新闻足球消沉,但是如果没有球迷,没有教练,没有经理,没有令对手艳羡的足球氛围,新闻足球才是真的不复存在。"

今年,明年,后年,以及更远的以后,还会有更多像罗伟秦一样的球员加入。只要新闻学院男足球队还有一个人在奔跑,还有一颗球在草地上滚动,新闻队的故事就始终未完待续。

三、岁月如歌

　　四秩同舟，砥砺岁月，荷桂飘香又是一路荣光，一道道秀水奔腾众川赴海。东六楼见证着相遇，也陪伴着成长。有太多故事悠扬如歌，有太多情谊切切在心，良师指路、朋辈引领、益友同行……即便自远方来，也因志同道合而有了共同的故乡。纵使各奔前程，也始终有盏明灯照亮同一个梦想。

1

成长风华

本科散记

赵冉[2019级新闻学专业(新闻评论方向)本科生]

毕业离校的前几天,我在沥青路上骑着车,突然一阵风卷起了树叶,那熟悉的画面好像带我回到了2019年入学时周游学校的第一个夜。记忆中,具体的故事仍生动浮现着,那斑驳剪影下的学校,在城市与人的灵性中转换着模样。我、你、他,我们共同的存在和互动,让这所学院焕发生机。

我是一个不足为道的人,但我致力于找寻自己的不平凡,小心翼翼保存着每一刻的珍贵情感。我相信个体的潜力是无限的,在充满机遇和风险的生活中,走好平衡木是件很难的事情。幸运的是,现实并没有让我失望,我感激命运的流放,鼓励了我的随性,让我可以与刻板的世界和谐相处,成为更好的自己。

"读心术"养成记

生命、情绪、社会……带着对人类最基本元素的好奇,我的大学序幕就这么拉开了。2019年盛夏,刚报到的我结交了一批新同学,他们各有广泛的兴趣和擅长的技能,让我惊讶又羡慕。大学是一个社会实验室,学生们告别了原生的环境,以新的方式相聚在这里。相遇的缘分是上一次分别赐予的,社会流动赋予了我们多样的情感冲动,我们来不及准备,就上了路。也许正是因为这种来自时空的高速流动,我常常觉得孤单,为揣摩不透人们的心思而烦躁。我从网上买了许多社会心理学的书籍,或许心理学能带给我答案。

我对心理学的兴趣丧失得很快——但我阅读的第一本著作《社会性动物》,对我产生了深远的影响。我当时认为,知识是高贵的,因为它具有批判性,这种批判性不是精英主义,而是人道主义。于我而言,社会心理学的价值在于提供了许多原理机制,能够有效描述人们在某种情境下的心理和行为,并对这一路径的形成提供解释。从众、偏见、失调……许多日常生活中常见的心理已经不再"神秘",它们赤裸裸地呈现在我的面前。我甚至无法再欺骗自己,曾经那些刻板的、固执的、天真的想法都粉碎了。抽离掉许多陈旧观念是痛苦的,因为这意味着要承认自己的不足,抹除自己曾在教育中信奉的"真理"。更重要的是,我无法再将许多"普通"的事情视为平常,我变得很累。

雪上加霜的是,疫情的暴发把整个世界打了个措手不及。如加缪所言:"本来,天灾人祸是人间常事,然而一旦落到头上,人们就难以相信是真的。"我没有亲身接触过病毒,但关于病毒的信息已经包裹了我的生活,数字的威力、新闻的真假……身为新闻传播的学子,我没有感受到与其他人多么不同的在场感,只是亦步亦趋,期待着一切都能越来越好。这是时代教给我们的一课,我们没有特权,也无法在任何情况下置身事外。我们的媒体或许拥有所谓的"第四权力",但我们新闻人只是社会机器的一个小小螺丝——我们本身并没有那么强大,媒体庞大的影响力只是因为人们的相互介入。

令我感动的是,许多人从逆境中突破,做了许多曾因为忙碌或者其他原因不敢做的事情。他们化烦闷和痛苦为动力,反思现代性的弊病,发掘人的本质共鸣。我也受到了这一"思潮"的影响,在家隔离的时候,开始大量阅读文学,尝试把许多细碎的想法艺术性地表达出来。我的想象力可以徜徉在林荫幽径,找到耶利哥玫瑰,在渔村撑船航行,自山林追踪消失的马。我从生活中挖掘情感,从经典中学习文法。这种行为得到了人文学院 C 老师的支持,他与我谈论了关于阅读与写作的种种,为我提供了许多切实的帮助。潜移默化中,鉴别挑选我感兴趣的好书已经不是难事,临摹也渐渐有了我自己的风格。我相信这是个美好的开端。

捕捉现实,反思内心,这是我本科期间一直在做的事情。我的思考与我的生活、我的学校建立了紧密的关系,我成了一个时刻保持思考的人,在巨大的困难和变化面前也更加冷静。当然我也对自己的交际圈界定更加清晰——什么样的人是志同道合的人,什么样的人只是萍水相逢的人,如何保持边界感和亲密感,这些问题都有了答案。

我利用了大二到大四的各种空闲时间,修完了哲学双学位。说实在的,哲学很难,也无法为生活中的问题提供确切答案,但它是无数思想交汇、辩论的地方,是多样的思想世界,是"同类"的聚居地和"异类"的争斗场。在哲学学院 Z 老师的支持下,我的哲学学位论文做了现象学社会学的研究,尝试理解知识、人与日常生活的关系。现象学哲学以一种神秘的面貌与我在知识海洋会面,投缘地打开了我的心门,它承接了我对人心理活动的求知欲,又以一种非实证的视角把握了人的本质情感,深深吸引了我。如今我也可以说,自己懂了一点"读心术"——宛如天赐的礼物。

知识的启蒙与祛魅

都说大学的第一要义是学习,所谓学习并非仅是专业的学习。似乎我的独立个性与知识产生了奇妙的碰撞,一种新颖的思维方式在我脑海中形成。大一那一年,我的成绩出乎意料地好,我突然意识到,把那些主动学习形成的个性想法融入课业中,是一件非常有意思的事情。首先,枯燥的课程会变得有趣起来;其次,创新思维本就是学习的本质。优异的成绩为我提供了许多机遇,减少了其他方面的困扰。

当然,我也舍弃了许多。对于我而言,组织活动、学生工作占用了大量的时间,却没有给我带来期待的愉悦感,我便全部放弃了。很遗憾,我没有继续留在大一刻苦训练一整年的校龙舟队,悄悄离开了这个团队,孑然一身。我想念大一喻家湖训练时伴随华科大附中下课铃声的粉色夕阳,记得一月寒冬时节我只穿短袖短裤在东湖的雨中咬牙坚持。我认为,没有结果的努力也有价值。在许多情况下,努力的过程比结果更重要。

我的学术启蒙主要来自 L 老师指导的"大创"项目,一个媒介和性别领域的研究。长达一年多的研究,我结交了本科阶段最好的朋友们,我们针对当今社会存在的性别气质和形象进行了大量的问卷、访谈与数据分析。我们撰写了与本土化的多元性别认知建构路径相关的论文,尝试捕捉刻板性别印象如何造成系统化的歧视,并提出了我们自己的解决方案。用自己所学,为这个社会注入理性的、积极的想法,我想这就是我们的责任所在吧。

新闻学专业课程集中在大二上到大三上这三个学期,一大股或实践性或理论性知识涌进我的脑海,我拼命消化。我的放松方式也很简单——从自然中找解脱。我不放过任何一个能欣赏夕阳的机会,我每周都会借助空闲时间"打卡"武汉某个从未去过的地方。受社会学院 C 老师的启发,我去过佛祖岭、盘龙城……理解一个城市,必须走过不为人知的街角,似乎城市边缘保留了更多的原生烟火气。

我来自新闻评论班,我的特优生兼评论导师 H 老师给予了我大力支持。我们每个学期都会交流几次,我会自由分享自己的学习感触和所见所得,当然也会发发牢骚。老师则凭借经验给出建议,尤其重要的是,H 老师从我的个性出发,给我讲了许多学术界的现实状况,对我影响深远。此外,大二寒假,同学们在院长的鼓励下加入了课题组,学习量化分析与论文写作。我结识了对我影响极大的 W 老师,他的研究领域让我非常着迷,就这样我跟着他,还有合作伙伴 F 同学,在"冰火两重天"中摇摇摆摆发表了人生中第一篇论文。自己算是个计划型人格,每当老师提出了切实的建议,自己就会倍加努力,特优生结项的时候,两年前制订的学习计划居然都实现了。

大三时,我加入了"政治学人",之后也在那里兼职。那是一个政治学的学术公众号,它弥补了我对政治学和国际关系知识的空缺,也赋予了我从另一个视角理解我的研究兴趣——政治传播。我加入时,是部门年龄最小的成员,大家方向各不相同,凭着知识储备和学术经验,为我提供了很多帮助。我觉得自己虽然没有在哪一个领域扎根很深,但是方方面面都能了解一些,本科四年,知识面拓宽了不少,很容易同其他人攀谈起来。

大三的课程相对于前两年有质的变化,让我印象深刻的是 Y 老师的课程,那些细碎的理论被整合到一起,锋芒毕露。这些理论唤起了一种青年人独有的激进快感,但似乎与现实社会无法协调接合。我向 L 老师表达了自己的疑惑,他让我警惕批判的限度,于是我开始思考批判与现实的关系、批判的价值和局限,以及批判与建设问题。

最让我感谢的是我的毕业论文指导老师 T 老师,我在他的"体悟式教育"下找到了新的兴趣。那是一个让人望而生畏的领域,我在钻研的过程中却出奇地感受到来自修辞学和媒介理论的震撼。

老实说,本科阶段,我做过基本的采写编评实务,学会了设计和剪辑,也尝试了不同方法、理论、学科的学术实操,以学术的标准培养自己,去读书、摘录文献、学语言……我从一个"小白"蜕变成了一个充满激情的"有志之士"。不过说实在的,我没有很强的信心能够以经营知识为业,但在目前,我以知识的摄入和应用为乐,那就干脆努力走下去,一探究竟我的潜力。

无论是人类的思想,还是我简单的生活,与老师们关于知识的对谈都是一场反思与重新出发的探索,它让我充分感受到我随着时光变换的成长,我那朴素又炽热的青春活力。知识不是纯洁无瑕的,也不是脱离日常生活的,它恰巧以那种自然的本质吸引了我。我仿佛听懂了维特根斯坦的低语:"我内心深处有一汪永恒的热流,就像温泉的底部;我一直希望来一次一劳永逸的喷发,于是我就能变成一个不同的人。"

成为另一个自己

机遇是风险带来的,适当放弃才能得到需要的。早在 2021 年,我就在为赴日本东北大学"交换"做准备。我考了雅思、写了自述、筹备了代表作——只要全副武装,失败也不会留下遗憾。双方相互的遴选历时半年,我终于收到了 offer,并被告知是新冠疫情以来第一波线下交流的学生。另一个我,在保研的考场上,曾经的积累都化作思维的海,肆意浇洒着,我幸运地得到了升学机会。

  但是细数来看,2022 年我忙得像千手观音,一边专业实习一边修双学位的课程,保研一结束就乘机出境。出国后课业、考试、两篇学位论文又相互叠加,压力大到让我几度濒临崩溃。最幸运的是有社会学专业的 J 君陪伴,他是学社会学的,我们共同话题很多,价值观相投,每次聊天都能从白天持续到黑夜。我多少次憔悴烦躁时向他哭诉,他总是不厌其烦地做一个倾听者。J 君及诸位挚友,都知道我的性情——敏感而缺乏自信,他给我真挚的鼓励,让我不再那么胆怯和孤独。

  时空转换到另一个国度。在日本,每一次游历都是一次蜕变。我在语言和文化的碰撞中,发现了许多新的兴趣。我越来越自信,从不敢和人交流到主动结交攀谈,到拥有了许多来自不同国家的知心朋友。我们的交流没有包袱,他们从不吝啬对我方方面面的赞赏和帮助,让我发现了许多连自己都忽略的闪光点。我才意识到,我们自以为的国际交流目的性总是太强,范围太窄,双方不仅缺少有趣的日常话题,更缺乏文化历史背景储备和立场的换位思考,失去了许多可贵的东西。我不想通过跨文化的交流证明自己已经存在的某些观点,而是想要获得新的知识,重新认识自己。在日本求学期间,曾经杂乱无章的知识储备突然成了一本隐藏在脑海中的词典,许多话题我都能脱口而出,而在交流中,新奇的东西又会涌进来,填补我的知识空缺。我能清晰意识到自己的提升,这种快感我无法忘怀。

  临毕业前,我和同院的老师同学一起去了俄罗斯莫斯科。澄澈的天空、静静的河流、浪漫的相遇,启程到返程只有短短十天。就好像我的本科故事,才翻开书写,就要画上句号了。和 J 老师的聚餐、同舍友的拥抱,还有那挤爆内存的毕业照——好像一瞬间,什么都突然结束了。我依旧是最后离开学校的人,看着空荡荡的院楼,我和教务处、学工处老师们挥手告别。我最害怕的恰巧那么现实,每一声"再见"都可能是最后一面。

  本科的四年中,我做了许多以前完全不敢想象的事情,取得了一些出人意料的成绩;许多曾让我失望和毫无头绪的东西,如今清晰明了;许多过去遥不可及而摸不准的方向,如今和我越来越近。我们都是时代中渺小的个体,但也是自由和伟大的行动者,长大是将自己的一部分剥离开,再用新的东西来补充和治愈。没有人和从前一模一样,而成长就是在喜怒哀乐和相遇离别中发现、成为另一个更好的自己。

　　离校的前几天，武汉迎来了最美的夕阳。我来到光电大楼的楼顶，再一次欣赏这片神圣的校园故土。这一次只有我一个人，与阳光、清风、星月做伴。就像这夕阳一般，我的本科生活迎来了剧终，它曾经鲜艳美丽，也在时光流逝中归于平静。如歌曲里面唱的："带不走的那些遗憾和眷恋，就化成最后一滴眼泪。"告别的时候，眼泪总是止不住。兴许是某些记忆和感受被永远留在了这片土地上，那里有一部分青涩的自己，每次回想，都无比感动。

2023 年 7 月 4 日于宁夏银川

新闻人，喻园情
——我在华科大新闻学院的成长小记

姚晓炫[2020级新闻学专业(新闻评论方向)本科生]

初入华中科技大学时，我就被这所学校的"大"所震撼，以至于现在大三了，去从来没去过的一些地方还要求助导航。除了面积之大，我还对校园提供的生活服务方式和新奇事物之"多"感到惊讶。面对接踵而来的新事物，我和许多同龄人一样曾陷入"乱花渐欲迷人眼"的境况之中。新的生活环境、新的课程与学习方式等让我一度感到迷茫。从大一下学期开始，通过各类科研、社会实践活动以及志愿服务，我逐渐找到了大学生活的锚点，整个人发生了巨大的改变。

回顾那次关键的转变，我一直觉得身边的良师益友给我的耐心指导和积极影响是其中的关键因素。在华科大新闻学院学习期间，我有过迷茫，但也和老师同学们一起度过了太多美好的时光。这些记忆和感悟可能需要把我的电子随记印成一本书才能讲完。因此，在这里只撷取感受最深的三个切面聊一聊我在华科大新闻学院的成长。

忙学业：与"小组作业"结缘

提起我们学院有什么特色，除了"文工交叉，应用见长"的培养理念之外，应该就是我们戏称的"小组作业学院"了。获得这个别称是由于我们院六个专业大部分专业类课程，甚至包括一些通识课程都采用小组作业的形式进行考核，所以同学们在聊天和发朋友圈时经常将新闻学院直接称为"小组作业学院"。

不得不说，"小组作业"这个形式已经"刻进了我的DNA"，以至于在带亲朋好友逛武汉时，被问去过哪些地方、为啥去之类的问题时会回答出鲁巷、华安里、江汉村等远没有黄鹤楼、户部巷那样出名的地名。去的缘由则统一是"小组作业去的"。吐槽归吐槽，但我一直觉得小组作业是我大学前三年时光中连接课内学习和课余时间的媒介，也成为这个日趋原子化的现代社会中连接起一个个有趣灵魂的重要方式。

在打开手机相册回忆过去的三年时,我发现自己对学习生活的回忆除了老师课堂上的金句外就是由一项项小组作业串联起来的。三年里,我和同学们熬夜赶过各种论文、报告、策划案,反复修改掐点提交过 PPT,也因此看到过最美的日出,产出了引以为傲的成果……聚餐几乎成了每个耗时长、投入多的小组作业完结后的"规定动作",也让小组作业完结后的微信群没有沦落到沉在消息框底部的境地。

我们 2020 年高考的学生正值新冠疫情时期,的的确确度过了和往常不一样的大学生活。而在"不一样"的几年里,我们这些稚气未脱却私下里打趣自诩为"社会观察者"的新闻学子们仍然通过一项项小组作业探索着未知的世界,努力地扎根和成长。小组作业曾让我叫苦不迭,但也让我认识到自己周围人的个性有多么特别,思想有多么闪光。在小组的一次次会议中,不仅有思想的交流和碰撞,还有争吵与解决问题,更有对一个个话题、事件或现象的深入了解。

触社会:以"学生记者"身份为媒

从高考志愿填报系统显示"录取"开始,我就把未来发展方向往所学的新闻专业这条轨道上规划,三年里也做了一些尝试。一入学我就加入了华科大记者团,这是一个思想多元、充满包容的集体,我铭记着接触到的一个个采访对象以及他们的故事,也铭记着在这个校园媒体中认识的许多好朋友。与他们的交流在一定程度上形塑了我的三观,让我变得比从前更加爱思考、爱表达,当然也让我增强了对"校园媒体人""新闻人"这类群体的归属感。我也逐渐摆脱应试教育下养成的一些固化思维,进一步建构对自身和周遭环境的认知。

在校园媒体工作的三年里,"记者"这两个字带给我感受最深的也是两个字——连接。生而为人,作为社群动物的我本能地期望认识更多的人,但现实中常常囿于环境上或是心理上的一亩三分地。成为一名学生记者,则变成了我与更多人建立连接的主动选择。还记得第一次采写,我接到的是一篇智能车比赛的团队稿。在采访的过程中,我认识了一位非常友善的学长,他十分健谈,乐意分享自己的许多感受。第一次采访就让我感受到了采访者与受访者的"双向连接",采访桌两边不再是我想象中"你问我答"的信息交换场,而成了真诚交流的"心灵场"。

从此,这种"走进他人的人生"以及在采访结束后"让别人走进自己的人生"的冲动和热情便支配着我接下一个个选题。从校运动会到校三标,从热爱音乐的唱片店主小宋到放弃华为天才少年资格的赵博士……我认识了更多有故事的人,接触了更多有趣的灵魂。我还和大部分受访者保持联系,甚至和其中的一部分成了朋友。

然而,仅仅让采访者和受访者建立连接毕竟不是新闻存在的主要目的,我也在思考着如何让新闻人物和普罗大众建立真正的连接,如何让媒体发展和大众生活形成良性互动等问题。这些思考所产生的好奇心促使我想要在新闻传播的学术和专业实践道路上继续探索下去。

看世界:把海外实践作为方法

2023年4月,我有幸加入我院徐明华老师带队的华中地区首支访问俄罗斯的新闻专业实践团队。组建完队伍不久,我们就开始做行前的各种准备工作。大家各司其职,努力让我们这次行程能够平安、顺利且充实。

在这期间我们团队进行了数十次的大小会议来商讨和确认各种细节。第一次出国且队内年龄第二小的我深切感受到了老师和身边的学长学姐能力之强以及大家的团结、投入。

6月6日,我们从武汉天河机场启程飞往莫斯科,开始了一系列密集的访问行程。在中国驻俄罗斯大使馆教育处,我们和参赞进行深入交流,了解了俄罗斯的人文与教育发展概况,收获了更多备选调研地;在莫斯科国立大学新闻学院和俄罗斯人民友谊大学,我们先后参加了国际学术会议,签署了与两校的合作协议。在座谈中,我们也窥见了俄罗斯高等教育尤其是新闻传播教育的特点;在中共六大会址,我们聆听了会址纪念馆副馆长上的一堂生动的党课;在与莫斯科国立大学中国留学生的交流中,我们聊了许多留学交换相关的话题,增进了彼此之间的友谊;在新华社亚欧总分社,我们体验了驻外通讯社的工作日常,感受到了我国新闻事业尤其是驻外媒体机构的发展与成就;从革命家后代口中了解和在实地探访伊万诺沃国际儿童院的过程中,我们挖掘了革命先辈浴血奋战的历史和儿童院里动人的故事,收集和整理了许多珍贵的资料……

在短短的11天里,我们的行程满满当当。一行人专注地进行考察和记录,晚上回住所后还常常加班到凌晨两三点整理资料,在地处高纬度的莫斯科获得了只有4个多小时且没有天黑的"通宵"体验。

幸运的是,我们仍有机会在满满的行程中"偷得浮生半日闲",在"特种兵精神"的激励下获得了许多新奇的文化体验。我会永远记得在俄罗斯国家历史博物馆观摩灿烂文化印记的那个早晨,在"一只蚂蚁"跳蚤市场和会用中文讲"一分钱一分货"的俄国大叔砍价的那个午后,在莫斯科河上乘游轮观光的那个黄昏,在红场上漫步和仰望克里姆林宫塔楼上红星的那个夜晚。若干年后,我依然会怀念普希金广场秋千上的笑声和在石板路上和队友们谈天说地时的欢乐。当然,我也会记得给予过我许多善意和帮助的俄罗斯人以及他们身上独属于"战斗民族"的热情与温柔。

很幸运我有机会赴国外开展社会实践,能够亲身去体验俄罗斯的风土人情,探寻中俄友谊及"一带一路"倡议下的中俄关系。与当地俄罗斯人和中国留学生构筑友谊对我而言是一件很有意义的事。此行后我收获了看世界的新方式和一群新的朋友,激发了未来从事国际交流与传播相关行业的兴趣和热情,也更加认同"读万卷书,行万里路"这条颠扑不破的真理。

这段时间,关于"究竟要不要学新闻"的话题再度成为舆论热点。不得不说,大一时的我曾有过这方面的困惑。但是,在和新闻学院的老师和同学们相处相知以及在实践中亲身经历的过程中,我逐渐建立对自己"新闻人"的身份认同和对本专业更加全面的认知。虽然在媒介环境发生深刻变化的当下,新闻业的确面临诸多挑战,但我相信它对于人类社会仍然十分重要。因为只要人们仍然对真相和真理有所追求,新闻与传播就不会走向衰败和消亡。希望"新闻人"能凭借一如既往的勇气和执着为新闻事业做出更多的贡献,希望新闻学院的发展蒸蒸日上,为社会培养出更多优秀的新闻人!

新闻梦想从华科大启航

武丹萍（2019级新闻学专业本科生）

  我并非像我的许多同学一样，是怀揣着高中时就埋藏心底的记者梦来到新闻学院。我当初一心想学医未果，于是在高考志愿寥寥可选的几个文科专业里毫不犹豫地填了新闻。我想，如果以后有机会去做医疗记者，也算是一种"曲线圆梦"。

  那时我对新闻专业和记者职业的理解仅肤浅地停于纸面，觉得它需要人会写、会拍、会讲；又想起电视新闻里，出镜记者从天南海北的现场发回报道，觉得它可能需要人出差，或许会有点累。除此之外，再没有更多的想象。

  但刚入学时，第一堂新闻专业课上老师的一句话让我一直记忆犹新，潜移默化地形塑了我对记者职业的认知。那是第一节"新闻学原理"课，时隔三年多，我仍清晰地记得那天的场景。

  上课之初，刘洁老师朝我们抛出了第一个问题："你为什么选择学新闻？"那天，阶梯教室里坐满了新闻大类100多名2019级新生。她随机提问了几名同学，有人说是因为看了某一本书，有人称是因为喜欢某位记者。她拿着麦克风围着偌大的教室转了一圈，而后回到讲台中央站定。"我更希望听到的答案是：'老师，因为我拥有新闻理想。'"

  话毕，教室里很安静。那是我第一次听说"新闻理想"这个词。好像一瞬间被什么东西击中了一样，它在我心里悄悄留下了一个不深不浅的印记。

  在那之后的概论课上，刘洁老师带我们逐一走近新闻学的基本原理，首先讲的是新闻真实——真实是新闻的生命，但新闻真实永远只是地平线。自那天起，我才开始懵懂地体会到，记者手中的笔尖、镜头和话筒自有一份须审慎使用的分量。记得那一章节PPT的末尾页，老师只放了一句话："向追求真实的新闻工作者致敬！"课上PPT切换到那一页时，下课铃也刚好响起，教室里轰然间掌声雷动。

  那时我还不知道，一个关于新闻、关于记者的梦想已经开始在我心底生根发芽。这是我在本科第一学期就被浓墨重彩种下的种子。

  没料到的是，上大学不到半年，一场新冠疫情让武汉成了全球聚焦的

"风暴眼"。一批批新闻工作者逆行援鄂,奉命出征。铺天盖地的新闻里,记者追踪患者救治、追问物资保供、追击疫苗及药物研发,只为报道客观真相、回应公众关切。对彼时大一的我而言,那是新闻专业主义最鲜活的教育——新闻记者是最优秀的老师,新闻作品是最丰富的教材,新闻媒介是最宽阔的教室。他们让我明白,突发公共事件中,"第一时间在现场"是记者的职责。

疫情下,学院组织的"华科大新闻周"系列讲座让我第一次与真正的记者面对面。多位优秀的学长学姐和记者前辈围绕危急时刻的新闻生产,分享他们关于疫情深度报道的体会与思考。得益于此,我第一次对记者的职业使命产生真切的感知,院歌里时常回响的那句"铁肩担道义,妙手著文章"也终于在现实中看到真实的印证和注脚。

一种冲动在我的心里升起:我也想成为像他们这样的人。虽现在还不能抵达现场,但作为新闻学子,记录也当有我的一份力量。在校记者团,我和团友们采访协和医院发热门诊团队的医生,记录华科大青年的抗疫担当;在新闻学院"讲好华科大战疫故事"暑期实践队,我们采访院友前辈,致敬记者的逆行宣言。

于我而言,那时稚嫩的新闻探索是兴奋的、激动的,也是忐忑的、试探的。因为还没有上过任何新闻实务课,所以我所有的实践都源自摸索和"依葫芦画瓢"的尝试,并不懂得边界在哪,也不了解评判稿件质量的标准有几分。

大二学年,通过采写编评摄等一系列实务课,我过去在实操上的一部分疑问终于得到了解答,也通过老师的引导看到了新闻生产更多的门道。那年暑期,我来到澎湃新闻调查新闻部开始第一次实习。有一天记者老师突然问我:"想不想做一次调查?"那一刻,在课堂上学过的相关伦理法规和做过的报道策划作品全都涌现在我的脑海。虽然象牙塔中的学习离真实的新闻报道仍有很长的距离,但当课堂所学出现在业界真实的工作场景中时,新闻调查对我来说不再是完全陌生的名词——这给了我在外实习时充分探索的底气。九个月的时间里,我在记者老师的指导下发表了10篇调查报道,亲身体会到新闻对社会进步的推动意义,对新闻理想的理解也在实践中加深了几分。

后来,在财新传媒的实习,让我如愿成为一名医疗组实习记者。从还原新长征福利院事件起,我们将目光投向在疫情中苦战的养老行业。从一线的养老院到集团管理层、行业研究者和民政系统,历时一个月,对话近30位不同角色的养老业相关方,以万余字行业调查分析疫情中养老院封闭管理但频繁"失守"的原因。如何保护疫情中"手停口停"的打工者权益,如何打消老年群体对疫苗接种的犹豫……一个个医疗选题的操作中,我开始学习透过复杂的新闻事件,追溯和解答社会根本问题。

回想起闫隽老师的叮咛,我不免领悟得更加深刻。闫老师得知我的职业理想后问我:"你想成为的是什么样的医疗记者?是单纯记录医院里发生的事情,还是用报道推动医疗事业的发展?"当老师的叮嘱与新闻实践经历结合,我被激励着不断自我反省,持续寻求突破。

新闻学院扎实的基本功教育和媒体里编辑和记者以身作则的示范,让我坚定了在这条路上行稳致远。而在《人民日报》新媒体的实习,更让我看到身处顶尖党报的媒体前辈们对信源的核查追溯、对稿件质量的精益求精和对新闻真实客观的无限追求。

2022年底,我有幸获得第十届范敬宜新闻教育奖学子奖。跨越疫情阻隔,当我辗转收到沉甸甸的证书和两本范敬宜先生的著作时,只觉诚惶诚恐,感动无以言表。证书是肯定,也是鞭策。在新闻行业实践越久,越明白自己仍有很长的路要走。曾经我羡慕一线记者能在第一时间抵达最鲜活的现场,而现在我愈加深知,单纯"到现场"远远不够。能从复杂的事件现场提取关键信息,能在众声喧哗中发现问题真正的症结,考验的更是记者在突破能力的背后,长久且丰厚的储备。

回想起幼年时光,那个每晚吃饭时看着《新闻联播》长大的自己,那个放学路上会顺路从报箱里取回泛着油墨的《新安晚报》,然后娴熟地翻到社会版和爷爷奶奶抢报纸看的自己,选择新闻是一场偶然,也像是命中注定。

"做记者,你的核心竞争力是什么?"闫老师曾以这一问题启发我思考,而我在接下来三年的硕士阶段不断以此追问、警醒自己。

回首四年一路走来,我的新闻梦想是在华科大新闻学院生根发芽,在学院的教育下和诸位老师的殷切教导下茁壮生长的。当以此为勉励,笃行致远,常思常新,继续在此潜心修炼本领。未来若有机会,愿不负学院的培养和老师的期望,由此走向真正的新闻现场,踏上促进医疗事业发展、推进民生改善的新闻征程。

星光不问赶路人

赵襄婧（2020级新闻学专业本科生）

一转眼，我已经完整、充实地度过了我的大学三年。因为在广州实习，我错过了今年的毕业季。一方面我庆幸自己没能亲眼见到充满了离别气息的校园，以免感伤；另一方面我也有些恍惚与不舍，下一次毕业季的主角，就是我们自己了。

回首三年大学时光，我的成长史其实有一条非常清晰的脉络，即以我的学生工作经历为主旋律，不断进步与成长的故事。这些是我最引以为傲的，也是我最独特与宝贵的财富。

"新积木"的故事

成为团支书，是我学生工作之路的起点。大一懵懵懂懂，初入大学校园的我对一切事物都充满了干劲儿。记得在"特色团日"活动启动仪式上，听到上一届十佳团队学长学姐的分享，我叹服的同时又感到压力山大："他们是怎么能做到那么好的呢？未来这七个月我要怎么去安排？我也能带领新闻2001班团支部站上十佳的舞台吗？"

带着压力和动力，我一步步往前走。组队的环节比我想象中要顺利得多，当我还在为找队友焦虑的时候，2019级学长告诉我："咱们新闻学院，从来都是被别人抢着组队，丝毫不用担心。"事实证明确实是这样，陆陆续续有来自不同学院的十多个团支书递来橄榄枝，我最后的选择是：经创2001班——表示势必拿下十佳的团支书小刘告诉我："我们班男女比例是1：1，男女搭配，干活儿不累。"土卓2001班——有些内向、不善言辞的团支书小董承诺："我们班男生多，脏活累活全部包揽。"这是我第一次体验到一种微妙的"荣誉感"，这是学院带给我的底气和自信；同时也有了一丝归属感，这个时候的我并不完全代表我自己，而是作为新闻学院的团支书去做这些事情。

到这里，"新积木"的故事正式拉开序幕。确定线上教育的主题之后我就在思考，如何让我们在将近一百个支部中脱颖而出呢？我坚持的一点是，新闻人新闻魂！我们一定要结合专业优势，做好有特色的宣传工作。于是我组建了"新积木品牌运营部"，确定了"新积木特团总队"为我们支部的队名——"新"为新闻；"积"为经济；"木"为土木。根据我提出的想法，宣传组的同学设计出了我们支部的形象代言人"木木"，以此为亮点，木木的元素也在后面的每一次答辩中都有展现，"吸睛"十足。我们同时也设立了微信公众号"HUST 新积木"以及 QQ 账号"特团木木君"，积极地与我们支部的小伙伴们互动，取得了很不错的宣传效果，以至于在特团活动结束两年之后的校学代会上，突然有人在我身后叫了一声："木木君？"我感到一阵熟悉，扭过头之后她继续问道："你是不是那个新闻学院的团支书？"我既有点惊喜又有点恍惚，感觉特团已经是很久之前的事情了，但是，能被记住的感觉真好。

特团对于我来说意义远超于"十佳"的荣誉，我记得在 2021 年 5 月 23 日最终答辩结束之后，我发布了一条"朋友圈"："七个月的历程就像是升级打怪，每过一关是开心更是忧虑，好在我们向着七个月前定的目标一直坚定地走了下来。感恩！"

在这漫长的历程里我从来都不是孤军奋战，班级同学们或多或少地参与其中，因为我从来不是为个人荣誉而奋斗，我代表的是新闻 2001 班，是"新积木特团总队"。我们三个支部的班长、团支书由此建立了"革命友谊"，活动结束后也常常联系。

2021 年 11 月 7 日，新一届的特团活动启航，我作为上一届优秀代表被邀请做经验分享。清晰地记得在演讲稿的最后，我对学弟学妹们讲道："感到有些恍惚，因为去年的这个时候，我也坐在同样的报告厅里，跟大家一样，瞪着迷蒙的双眼，不相信自己能做得那么好，压力扑面而来。而现在，我站在这里，台下的每一个你都有可能明年站在同样的位置。"这虽是我学生工作经历中一个小小的成就，却是我成长路上的一大步。

秉中持正传薪火

2021 年 12 月 8 日，我有幸成为新闻学院 2020 级第一批中共预备党员。那天我很激动，发布了一条"朋友圈"。父亲作为 20 多年的老党员，私信给我一段话：

"恭喜女儿成为一名中共预备党员。这是一个神圣的身份，一个光荣的称号。希望从你宣誓的那一刻起，真正地做到思想上入党，做一个共产主义的坚定信仰者;从精神上入党,做一个为党为民的奉献者;从行为上入党,做一个守规守纪的党员;从语言上入党,做一个熟悉党史党规党纪的人。一朝入党,终身在党。坚守初心,永不思迁。走正道,大道无垠;做正事,事事顺利。与你共勉。"

我明白,党员身份不仅是荣誉,更是责任与担当。14日,通过党支部内投票选举,我担任了新闻学院本科生低年级党支部党小组组长一职,这对我来说是一个崭新的起点。

作为学生党员干部,要面临的工作常常是繁杂、琐碎的。带领支部每月开展主题党日、审核党员材料、组织党员活动等都需要大量的时间和非常严谨认真的态度。第一次接触党务工作,刚开始也有些迷茫与不知所措。好在我们的支部书记,也是当时的辅导员黄启超老师一步一步地带着我,教我怎么做。印象最深刻的是我在第一次组织主题党日活动期间出了一点小差错,漏掉了一个固定议程,黄老师在第一时间指出问题的同时,不忘肯定和鼓励我的工作,让我感觉到非常温暖。随着时间的推移,面对庞杂的工作我也从手足无措成长为得心应手、游刃有余。

2022年5月14日,在我校本科生"先锋党支部"展评活动中,我带领着新闻学院本科生低年级党支部获评一等奖第一名,这是该活动开展以来新闻学院第一次获得第一名。一年过去,我仍然记得当时在场外听到主持人念到一等奖获奖名单时,场内支部的同学尖叫欢呼的激动与喜悦。领奖下台后,黄老师和李彬彬书记都给了我一个大大的拥抱,看到支部同学脸上同样开心的表情,我感到十分开心。集体荣誉往往能比个人荣誉给我带来更高的成就感与获得感,我现在能记得的,就是和支部同学一起准备材料,做PPT,修改演讲稿,一起排练节目,一起相互鼓励上台的情景,那些一起奋斗的时刻在我们上台完成展评之后得到了认可,收获的果实也是甜蜜的。

除了日常的党务工作,新闻学院其实也给我们提供了一些有趣的党建活动的平台。印象最深刻的是2022年的党建晚会,我们支部要出一个节目。在跟老师商量之后我决定排一个配音节目——配影视剧《觉醒年代》,这是我从来没有尝试过的形式,觉得很有趣。然而当时正逢时间比较紧迫的"期末周",大家都比较忙碌,于是在征集配音演员的时候犯了难。最后是我一个个私信联系,动用我的"人脉关系",凑齐了12位"演员"。记得我们第一次在演播厅彩排的时候,由于几乎没怎么练习,表演得一塌糊涂。负责节目的老师直接说:"下次彩排再是这个样子,你们就都不用上了!"被批评后我备感震动,跟大家强调了问题的严重性,下一次彩排的时候效果竟然出奇地好,因为大部分是播主班的同学,他们语言功底好,几乎不用练习就能表达出原台词的情感。最让我出乎意料的是新闻班的小程同学,平时说话声音比较小和轻的他,在念出"我翻开历史一查,这历史没有年代,歪歪斜斜的每页上都写着'仁义道德'几个字。我横竖睡不着,仔细看了半夜,才从字缝里看出字来,满本都写着两个是'吃人'!"这句台词时掷地有声,竟跟原剧中的鲁迅先生不相上下。最终的表演我们每一个人都不遗余力,结尾姜刘洋一句"我愿意奋斗终身"的宣誓,带全场观众回到了那个思潮涌动、仁人志士辈出的革命年代,激荡人心,令人振奋。这个夜晚使我难以忘怀,每每想到,我还是感到无比振奋。

行我所行,无问西东

我时常会思索,学生工作对于我而言的意义是什么。身边的朋友在看到我周末也不能闲下来,忙碌于各种各样的工作时会戏谑道:"好惨啊你,你图什么?"长辈们也时常告诫我:"别整那些虚的,好好学习才是正道。"在看到我拼命拿下的奖状上面只有集体的名字而并没有我个人名字的时候,我也在想:我图什么?

可是"图什么"本身不就是一个伪命题吗?回首大学匆匆三年,能够被我记住的也只不过是一些精彩的瞬间,而就是这些瞬间组成了我有声有色的大学生活。在各种各样的学生工作中,我交到了来自不同学院志同道合的朋友,进行理科、工科、文科不同思维的碰撞;我也更加明白了,在这个颇为"功利化"的社会,不是做任何事情都要"图些什么",我收获的每一声"谢谢"和"辛苦了"都是最甜蜜的回报,也是我不断前行的动力。

即将迎来大学生涯的终章,已然感到有些不舍。但前路依然值得期待,我将行我所行,无问西东。

华科大点滴

孙敏杰（2020级传播学专业本科生）

转眼间大三马上就要结束了，自己也在华科大度过了近三个年头，可能再有一年就要离开校园而经历社会的历练了。大学三年，有过欢声笑语，有过挑灯夜战，也有过迷惘怅然。适逢毕业季，在校园里常见即将离开的学长学姐于各处留影，将自己在校园的最后时光以电子化的数据保存下来，作为这段青春岁月的难忘回忆。自己虽未毕业，但在校时光已然不多，见学长学姐如此，自己难免有所触动，谨以此文，记述过往三年之生活。

初识华科大的经历

身为一个北方孩子，小时并未听过华科大之名，周遭亲友也多是未有耳闻。记得第一次听说华科大，已经是在高二了。那时物理老师去华科大出差，随其他学校的老师一同参观了华科大，回校之后，便专门花了一节课的时间为我们讲述他在华科大的见闻经历，具体内容已记不大清楚了，只记得他说学校很大，食堂很多，饭菜很好吃，设施也很齐全，那时我心中便种下了华科大的种子。放假回家后，查阅华科大分数线与排名，结合我平时排名与学校过往成绩，发现这是一个我可以达到的排名，遂以华科大为高考的理想院校。之后暴发疫情，多次见华科大现于新闻之中，更加笃定了自己报考华科大的想法。经过高三一年的努力，虽历经波折，终得偿所愿，成功获得了华科大的录取通知书，考入这所向往已久的学校。2020年9月17日，是我去华科大报到的日子，在华科大的生活也从这一天正式开始了。

"魔物双修"的专业课

作为一个理科生，却"阴差阳错"地进入了传播学这个社科类专业，这有赖于传播学后面的那个括号。事实上，我校的传播学也的确与其他院校的传播学迥异，它是国内首个采用文工交叉培养方式的专业，既有"传播学原理""网络传播导论""新媒体应用模式创新设计"等培养新媒体传播素养和思辨能力的课程,也有"新媒体用户分析""摄像及编辑技术""交互设计"等重视"操作"与锻炼实际应用技能的课程,当然还有"面向对象程序设计""数据库原理""python"等培养工科思维与代码书写能力的课程。这些内容丰富、形式多样的课程的确极大拓宽了我的视野,使我对文科与工科都有了一个基础性的了解。

众多课程中对我影响最大的大概是"传播学原理"与"python"。徐明华老师讲"传播学原理"课生动有趣,采用互动课堂的方式让我们可以在课堂上就一些知识进行充分的互动。通过对这门课程的学习,我知道了把关人、沉默的螺旋、议程设置、知沟理论等有趣的传播学理论,也具备了对传播学基本的认知,产生了浓厚的兴趣。大二上学期开设的"python"则让我在经历大一学年"C++"的折磨后重拾了编程的信心,同时也为我打开了数据挖掘与数据分析的大门,让我在用编程做了一年的数学题后终于可以去实现一些简单的应用,解决一些简单的问题,不至于在枯燥的数学题中消磨光对编程的兴趣。

痛并快乐的学生工作

大一刚进入学校,我便竞选了团支书这一职务,因在初中时担任过团支书一职,竞选之前已有任务繁多的心理准备,但依旧低估了团支书的工作量。在团支书众多事务中,印象最深的还是学校的"特色团日"活动,现在我依旧可以清晰地记得,获知需要路演时自己的茫然与无所适从,路演当天虽下雨但依旧与同学坚守岗位的劳累和充实,以及经历轮轮答辩最终获评"十佳"的欣慰与喜悦。

在"特色团日"中我们一共举行了五场活动,涵盖了路演、观影、采访与参观抗疫展等内容。"特色团日"最令我自豪的并不是最终取得的"十佳"荣誉,而是一次次活动与一场场答辩成功调动了三个支部所有成员的积极性,让大家有了一个共同的目标,为这个目标而共同奋斗。在这一过程中,有的同学负责摄影,有的同学负责剪辑,有的同学负责现场答辩,还有的同学则负责后勤保障,所有人都各司其职,相互协作,正是这段大家相互配合的经历,为班级营造了和谐互助的氛围,在接下来的大学生活中我们的确很团结。

不打麻将的麻将桌

升入大二不久,宿舍里有人买了一张不打麻将的麻将桌,从此便将宿舍化为了班级几个男生宿舍的"桌游室"。周末时、节假日期间、寒暑假前,时不时便会凑齐一屋人,开启各式各样的桌游之旅。在《亚蒙拉》中大家扮演法老王,选择策略,相互博弈以建出最大的金字塔;在《宝石商人》中大家扮演宝石商人,通过各种宝石的交易、竞价和谈判,来获取财富和声望;在《茂林源记》中大家分别扮演丛林世界中的狐狸、兔子、老鼠和鸟,在权利交叠中为自己族群的利益大打出手,占领森林的话语权;在《骇浪求生》中大家扮演漂流在海上的落难者,在保持自己存活的同时获得更多的财富,还要尽可能地"消灭"其他玩家。还有《三国杀》《进化》《达尔文之选》等,不一而足。

宿舍里这张不打麻将的麻将桌成了大家互相学习和了解的平台。因为有了这张麻将桌,大家不再各自分散独立于不同的宿舍之中,而是可以坐在一起,分享欢乐,分担压力,交流知识,增进友情。这方麻将桌承载着宿舍里众多的乐趣和回忆。

以上就是在华科大三年里一些难忘的片段或事物,还有一年的留校时光,相信在这剩下的一年中依旧会有很多难忘的记忆,此刻没有其他念头,只想珍惜在校时光,不留遗憾。

在喻园，仰望星空，脚踏实地

李旺传（2022级公共关系学专业博士生）

2023年2月22日，在这个充满爱意的日子里写下与喻园的故事，应该是一场冥冥之中的安排。

与华科大的初次相遇，是1766天前的那个下午。那天，天空下着小雨，一个典型的文科生走在一个典型的理工科强校和一群典型的理工科建筑里，却没有任何陌生感，这令我自己都感觉到神奇。

或许那一次的相遇就为我在华科大度过至少7年求学时光埋下了伏笔。

2018年的盛夏，我在距离华科大两公里左右的保利和乐公司实习。下班后，我会经常散步到华科大；在周末的时候，我也会借学长学姐们的校园卡到图书馆自习。那个盛夏，我充分感受到了何谓"学在华科大"。即使是在暑假，图书馆里也会稍显拥挤，实验室里的灯也会通宵开启，那一个个埋头苦学的身影，给予了我无限的动力，我想我是在那个暑假，爱上了这所学校。

2018年9月29日，我会永远记住这一天，那个我孤注一掷奔赴华科大参加推免复试的日子。那一天的我不知究竟是紧张还是激动，或许是担心追逐了两年的梦终是一场空，抑或是梦想实现可能就在眼前故而难免难眠。那天，我清晨5点才勉强入眠，7点就自然醒了。现在回想，只能说羡慕那时自己的体力，只睡了两个小时的我，撑过了两个半小时的笔试，圆满地完成了面试。下午五点出成绩的那一刻，我已说不清内心究竟是怎么样的一种情绪，是激动吧，毕竟这是我大二时就开始追逐的梦；是欣慰吧，用力奔跑了三年多的我终于可以给17岁高考失利的李旺传说一句没关系；是感恩吧，感谢命运让我遇到公关，遇到我导，"喻"见华科大。我还记得那天那个少年写下的朋友圈"这个孤注一掷的选择终于在此刻开花结果"，庆祝正式成为准HUSTer。

2019年9月1日，我在家人的陪同下，驱车6个多小时来到华科大，正式开启了我的新征程。接下来的三年，与华科大发生的点滴故事仿佛就在昨天。

第一,是我和我导陈先红教授的故事。我和我导可以说亦师亦友,更可以说就像家人。在研究生的学习生涯中,我所有的成长几乎都与她有关。在学术上,她手把手将我带上了科研路,指导我的论文写作和学科竞赛,带着我参加学术会议,她每次指导都细致认真又颇有耐心。还记得,我在写第一篇小论文时,有段时间进度缓慢甚至有点畏难,她用"激将法"鼓励着我将它生产了出来,事后她说"事实证明,好鼓有时也要重锤",而她总能找到最能激起我的斗志的方法。除了学术,工作生活中也得到她诸多指导。在我看来,她从不吝啬表扬,也敢于直接批评,更身先示范,让人折服。"经师易求,人师难得",何其有幸,得遇人师。学术上的她是严厉且耐心的,生活中的她是温暖且细心的。我会永远记得那个在厨房里忙碌的身影,那个在学生饿了时会单独为学生下面条的她。这让我不免想起多年前,源于对我导研究方向的热爱和对我导的崇拜,我毅然选择跨专业保研这条孤注一掷的道路。现在,我想感谢那个坚持的自己,把我带到了我导的面前。未来,希望自己始终怀抱对学术的敬畏心,始终秉持红门"不惜力,不将就,不遗憾"的"三不"精神,跟着导师继续向前。

第二,是我与2019级硕士传播广告党支部的故事。还记得大四时,我跟小伙伴立下了研究生绝不做学生工作的"flag",没想到最终还是没能躲过。该感谢的是支部同志们的信任,推举我为党支书,有了一些新的经历,2019级硕士传播广告党支部、1902硕成了我温暖的回忆。作为一个在工作上较真的党支书,如果没有支部小伙伴们的鼎力支持,我是完成不好工作的。首先,我有相当给力的支委们,游宇同志细致耐心,将文件归档得清晰明了,艾婷同志热情有创意,产出了许多优秀的宣传作品;其次,我有积极配合的支部成员们,檬檬、山楂、博宇、惠原,这四位加上三位支委构成了我们支部最初的七名党员,是她们的热情参与才让我们支部建设有了良好的基础;最后,我很骄傲我们支部发展了一批真正又红又专的党员,雨萌、朱烨、峪祯、沛佳、凯悦和安平,她们每次交上的心得都让人感动,她们认真的态度和深刻的认识一直鼓舞着我。写到这里,我不禁想起大家每月定期开主题党日的情景,一起过集体生日的情景,那些党会和集体活动好像就在昨天,虽然我们支部已经解散了,但我始终相信我们支部每一位成员都会朝着自己心之所向,继续前行。

第三,是我与"挑战杯"的故事。这场几乎长达一年的拉锯战,占据了我1/3的硕士生涯,让我的研二有种被裹挟着前进的感觉,但也在一定程度上弥补了我本科时的遗憾。于我而言，这次竞赛真正有意义的或许是在本已平淡规律的研究生生活中添入了一些新的激情，找回了以往团队并肩作战的那种斗志，最重要的是和团队的 9 个小伙伴及其他团队的小伙伴结下了深厚的友谊。诗荟和司晨现已在清华大学读研，思葳成了我的师妹，涵煦也留在了华科大，思蕊也将奔赴新的研途，而我的"白菜"们李李、新飞、姚洁都在工作岗位上接受着社会的锤炼，希望大家都能一切顺遂。

那三年里，我发表了几篇小论文，带领团队拿到了近年来华科大在"挑战杯"文科项目上的最好成绩，获得了国奖和一些小小的荣誉，本科时的"斜杠青年"在硕士阶段得以延续。在我导手把手的培养下，我葆有理想主义，也更加懂得如何与这个世界相处；与 2019 级硕士传播广告党支部的相遇，让我经历了一趟全新的学生工作之旅；"挑战杯"的经历，让我满怀激情去拥抱下一段旅程。

疫情给时间添上了加速度，好似一瞬，就来到了硕士阶段的终点。好在，我与华科大签下了又一个四年之约。如果你问我，是什么让我不想离开：我最敬爱的导师和最温暖的师门，爱晚亭的那一池莲，办公室窗外的那棵梧桐树，校园里骑行时的那一阵风，东九、西十二上演的大迁徙，一盏盏彻夜未关的灯，一个个活力满满的身影，都是我想与华科大继续走下去的理由。

雨水已过，漫天飞舞的"梧桐絮"马上又要来了，我们又可以借此用满脸的泪水来表达对华科大满满的爱了。不过，我们最好还是戴上护目镜吧，毕竟眼睛太重要又太脆弱，是我们在喻园仰望星空和脚踏实地的基础所在。

2023 年 2 月 22 日于湖南娄底

在华科大

王一苇(2020级传播学专业硕士生)

回望在华科大的这八年,专注于自己热爱的工作,始终保持着对世界的好奇和对知识的敬畏;有许多新的尝试和体验,带给我一个又一个激动难眠的夜,让我度过了充实、酣畅的八年!一路上,老师交给我们思维的钥匙,让我们受教而知学;学长学姐身上的光芒也并不刺眼,让我无数次地庆幸能够与他们并肩;有各自闪耀的同行伙伴,他们带我看不一样的世界……在华科大,我被无限地包容,它让我尽可能多地创造,允许我做一切选择都完全遵从自己的内心。在这里,我看到了自己更多的可能,成为更好的自己。

在奉献中找到角色定位

我的第一次志愿服务,是湖北省大学生运动会的赛事志愿者。那一次的工作虽然看起来很简单,但对我来说,是第一次以不一样的视角去看待一场运动会。后来我以赛事记者的身份,每年都会参与全国大学生篮球联赛的赛事报道,我发现我很享受这种默默无闻又参与其中的神秘感,看到我身边的志愿者都在为同一个目标而努力,我的心里总是非常感动。这样一来,我对华科大慢慢有了非常强烈的归属感。同时,我也慢慢发现,我喜欢写作,喜欢大家欣赏我的作品,喜欢被需要的感觉。

于是,在本科毕业之后,我就加入了研究生支教团,前往新疆支教。在那里我担任班主任,教授9门学科,同时兼任团委和队长的工作,发挥个人特长,常常备课到凌晨一两点再开始其他工作。在这样的强度下,流鼻血是家常便饭。这一年,我和伙伴们一起尽情地燃烧自己,用实际行动把论文写在祖国的大地上。每每回想起那一年的自己,都觉得无悔青春!

在疫情初期,我也刚好返回武汉参加疫情防控工作。尽管现在看来,只是几次普通的选择,但当时确实经过了反复的挣扎和纠结。支撑着我的信念就是,我希望能够尽己所能地做点什么。到现在我仍觉得自己做得太少太少,却获得了太多太多。通过这些志愿服务经历,原本内向的我,逐渐找到了自己在集体中的角色定位。我渴望融入集体,但又不想成为大家的焦点,于是做一个帮助他人、为他人喝彩的人是我最舒适的角色。

在实干中探索人生价值

支教和抗疫,不仅彻底激发了我的红色基因,也让我开始思索,等我成为社会中流砥柱的那一天,我能创造多少价值?

带着这样的思考,我在读研期间更加注重个人的党性修养和专业技能的提升。入学后,我被推荐选拔为全国"青马工程"学员,更加密切、频繁地接受马克思主义的理论滋养,一颗热烈的报国心也就更加炽热了。从那之后,我对最新的重要讲话学习得更为主动、更为深入。我在一次又一次的充电循环中,逐渐明白用真理武装头脑是怎样的感觉。

同时,我也没有间断写作,一直保持手感,练好新闻专业的"基本功"。相比于本科,我不再只追求写有趣的软文,而更注重文字对人的启发、对思想的表达,也开始尝试写公文、脚本等,一次次通宵达旦之后的酣畅告诉我,大一熬夜写推送文章也许并不是一时兴起。

为了适应新的网络传播节奏,我也开始尝试视频创作和剪辑,在2021年牵头负责学校西部计划献礼建党宣传片,从选角定稿到赴地拍摄,再到宣发,耗时半年。其中的艰辛一言难尽,但幸运的是,得益于学校的平台,我们的片子不断在国家级平台播出,还斩获了好几个国家级的大奖。

除了宣传技能,我还突破自己开始宣讲。虽然每次我需要做很久的心理建设,但我会把握每次锻炼自己的机会,会珍惜每一个大大小小的讲台。那些宝贵又奇妙的瞬间,带给我一个个振奋难眠的日夜。充实!酣畅!都只为在踏实做事中收获内心的平静,增长更多的本领。

在奋斗中坚定人生方向

2019年我在新疆支教,刚好是中华人民共和国成立70周年,我们通过各种形式在遥远的新疆祝福祖国。国庆节那天,看到屏幕上飘扬的鲜艳红旗,听到国歌的一刹那我就忍不住流下了眼泪。从那之后,我迫切地想要去北京,想紧贴着祖国的心房。2021年是建党100周年,我早早洗漱干净静等着零点的到来,回想着这一年通过各种形式参与献礼,内心只觉得光荣和幸福。

读研的这三年,我没有一刻停歇,不是无缝衔接,就是多线并行。研一时期待着脱贫攻坚如期实现,研二时亲眼见证建党百年的历史时刻,研三时逢党的二十大和70周年校庆,我深感自己幸运的同时,也感慨着自己在历史中的渺小。尽管力量微弱,但我不会停止奋斗。因为我无比笃定地相信:我找到了想要追随一生的信仰。

在这里,我也从不爱说话、不善表达,到终于找到了与世界对话的窗口。每一次写稿热血沸腾的感觉好像持续了快有8年,到现在也还干得起劲。大三那年,我选择前往中央广播电视总台进行专业实习,从那时我就下定决心要跨专业去新闻学院,做一名记者。后来研一的暑假,我又有幸前往中宣部进行实习,更加明确了我的人生志向——成为一名宣传思想工作者。

当所有的实习和经历都指引着同一个方向时,当做了很多一时兴起的"无用功"反而感受到内心充盈时,当一万小时的法则终于灵验时,我恍然大悟,这就是我愿意终身为之奋斗的事业。

毕业之际,我继续为党的宣传和志愿服务事业贡献自己的力量。在未来,我也将继续保持谦虚谨慎、低调务实,接受更广泛的监督和更严格的检阅,在党的辉煌事业里实现自己的人生价值。

感谢在华科大积攒的善意与勇气,感谢新闻学院接收我读研,感谢我的导师李卫东老师对我毫不吝啬的支持和帮助,我会带着对世界的好奇继续向前,成为更好的自己!

秉中持正，求新博闻——新闻学子求学路

王怡亭（2021级广播电视学专业本科生）

蝉的鸣叫声越发大了。闻君轻轻掀起蓝色帘子的一角，看向大巴车的窗外，眼前写着"欢乐大道"四个字的路牌一晃而过。

虽然这只是应了附近欢乐谷的名字，但她想，也算是不错的寓意。希望她之后四年的生活也可以欢欢乐乐、顺顺利利。

她干脆把帘子整个儿拉开来，看着路边的景象从停着小麻雀的电线杆，到林立的商铺，再到越来越多的郁郁葱葱的树木，在夏末依然带着暑气的日光里闪烁着油亮的光。不知道经过了多少棵挺拔而茂盛的树木，从哪个路口拐了个弯儿，她再回神时就发现自己已在学校之中了。"华科大欢迎你"，红色的横幅挂在树上，悬在道路中央，欢迎着无数青涩又陌生的面孔。

都没见到学校的大门口呢。她偷偷扯起口罩的边缘，轻轻吸了一口似乎更新鲜的空气。

所幸，她见到了学院的门口。从风格相当现代的实验室和一块高高的写着院名的石碑转过去，新闻与信息传播学院——她的学院，和想象中不大一样。它和旁边的学院比起来是小小的一栋，楼前立着又高又大的梧桐树，影影绰绰地透着灿灿的光影。院门口，"秉中持正，求新博闻"几个字从眼前掠过，闻君在心中默念了两遍，短短的八个字，包含一种莫名的铿锵的力量。再往对面望过去，是一座很精巧的亭子，坐落在湖中央，被掩映在树后——她后来知道，这座亭子叫醉晚亭。

闻君的家乡也有很多亭台轩舫、水榭楼阁。明明都是一条长江边，同样的亭子却有不同的风格。她的新闻理想就顺着长江下游摇摇晃晃，像是乘着一艘纸船逆流而上。

这份理想生根于什么时候呢？闻君并不是从小就有"铁肩担道义，妙手著文章"的信念，也并不因为一本书就埋下了梦的种子。她只是觉得能够去观察这个世界、触碰人间的烟火，用图片、音像、文字表达自己的想法，传递旁人的声音，是一件很好的事情。当她看到字里行间、光影记录之中，一个人背后的故事、一个故事背后的人，无论是欢喜的、悲伤的、昂扬的、苦涩的，

都让她觉得——这是有意义的。

那为什么要自家西行六百余公里,来喻家山下求学?闻君自己也说不清楚。似乎在填志愿的时候就有声音在冥冥之中告诉她,这是一个最好的选择。不只是分数的妥当——那个分数段可以选择的学校并不少。闻君并不算是典型的文科生,她希望自己能够跳出传统文史哲的圈子,去触碰更多理工学科的边界。同时,她想要兼顾理论与实践的学习,也想要体验和家乡迥然不同的风土人情。

于是,华中科技大学新闻与信息传播学院这个在过去并未过多进入她脑海的地方,从此成了她未来几年生活的底色。

如果初进校园的闻君是一张空白的信笺,落下第一行字的是友情的笔痕。

阿新是闻君在学校里认识的第一个朋友。闻君是很内敛的性格,阿新则相反,她充满活力、激情和创造性,有无数天马行空的想象、说不完的点子和想做就做的干劲。她们就是互补着成了很好的朋友。她们会一起去东九上课、去韵酒吃饭、去教室听讲座,也一起在醉晚亭下聊天南海北,在梧桐树旁牵手慢慢散步;一起在接近 40℃ 的高温下扛着机器拍摄,也在凌晨两点的路灯下头脑风暴。

闻君与阿新称得上志同道合。她们会一起参与各种课程、讲座和研讨会,不断吸收新的知识和技能。闻君的专业课程涉及新闻采写、电视摄像、媒体伦理方方面面,每一堂课都为她打开了一扇新的门窗,让她看到了行业的无限可能。她与阿新常常一起外出拍摄、采访,在不长的时间里认识了许多有趣的人,听到了许多有意思的故事。尽管也有被拒绝冷待、屡屡碰壁的经历,但在闻君看来,每一种状况都是独一无二的经历,让她触摸着城市、大地的脉搏。学院提供了足够的资源和平台,让她能够在实践、实习之中,切身地体会笔尖与镜头的力量,探索未来的可能性。

闻君曾经在初入学院时看过学长学姐的优秀作品。一幅幅精彩的摄影作品,一篇篇深入研究的新闻报道,无不展示着学院师生们的才华和努力。这里是一个汇聚创意与智慧的地方,是培育新闻人才的摇篮。那时她觉得自己也要追赶上他们的身影。现在,经过在学院的学习与锻炼,她能感受到自己正在一点一点地向前靠近。这就是一个催人奋进的环境给予人的追逐光、成为光的力量。

闻君在这个过程之中找到了自己的热爱。从开学时来自新华社的院友周科学长分享的关于"春运母亲"的故事开始,她好像就对用镜头记录故事萌生了兴趣的新芽。

　　在课程中,闻君在老师的指导下学习如何用构图和光影的技巧讲述真实,如何用光线和色彩传递情感。相比于文字,摄影在光影定格的一瞬间,拥有保留永恒般的功用和意义。她喜欢背起相机,从取景器向外望、按下快门的幸福感。她拍摄了许多照片、视频,也在学校和老师的支持与鼓励下参与了很多的比赛。荣誉与名次并不重要,重要的是她能够寻得所爱并拥有投身于此的机会。

　　闻君站在东六楼底下,又一年盛夏的阳光穿过梧桐枝杈的罅隙,在地上投下斑驳的影子。华科大新闻学院——这个在全国理工科院校中建立新闻系最早的学院——迎来了四十岁的生日。看着学院前、台阶下抛起学士帽的学长学姐,她又想起入学时乘着大巴车行过东六楼的懵懂的自己。梧桐树下一代又一代的青年学子短暂停驻又离开,在这里留下努力和梦想的光彩,然后又走向各自不同的旅途。就像小船自温和的港湾驶出,起起伏伏,逐渐成为行稳致远的巨轮,扬起高高的风帆,顺着时代的风向前行驶,又指引着后来的人。

　　"秉中持正,求新博闻",院训从闻君的舌尖烫过。求学的经历中,她已经越来越能体悟到这八个字的内涵。

　　闻君举起相机,按下快门,镜头里是新闻学院带给她无限可能的未来。

在新闻学院求学和做事

郭思骋 [2021级新闻学专业（新闻评论方向）本科生]

来到华科大新闻学院，其实并非我人生轨迹中原有的选择。按照原定的计划，我会学中文、历史抑或是心理学专业，新闻传播这个专业从未在我心里留下深刻的印记，直到走到填报志愿的路口。或许是命运使然，又或许是奇妙的缘分，我最终来到1037号森林，走到新闻学院前。

求　　学

毕竟是以"学在华科大"闻名的华中科技大学，新闻学院似乎是华科大的文科院里特别"卷"的那一个。这一篇文章的开头，也是从我求学开始。

谈到求学，要谈一谈老师，也要谈一谈授课和考核。我在新闻学院遇到了很多有意思的老师，他们风格各异，有的精于学术，对知识怀有崇高的敬意与热爱；有的又是自业界成名后归来，以一线的视野指引我们深耕专业。老师们以不同的方式"传道受业解惑"，都使我受益匪浅，收获颇丰。

我经常会和别人提起一位老师——唐海江老师，有幸在大一时上他的"中国新闻传播史"。唐海江老师对于新闻传播史独有一套见解，能将大部头化繁为简娓娓道来，也时常提出鲜明的观点，引导我们钻进历史洪流寻觅深思。

历史是客观的，但理解因人而异。下课时，我总爱带着自己的观点与老师"打擂"，几个回合下来老师便指出了我观点中的不足，酣畅淋漓的争辩过后，我后知后觉，担心老师会不会觉得我唐突没礼貌，但事实证明，我的担心是多余的。

故事的后半段发生在大一下学期马克思主义新闻观课上，作为新闻学院的特色课程之一，这门课邀请了多位老师组成讲师团来分别授课，唐海江老师也是其中之一。那节课具体的内容我记不太清了，但那时我刚好在备战研究生学生会的一场辩论赛。当时东航MU5735事件刚刚发生，《人物》的一篇报道引起了挺大的争议，我们的辩题是"在灾难报道中是应该关注朴素道德还是坚持新闻专业主义"。在准备这个辩题的时候,我去咨询过各位老师。那节课下课我去找唐海江老师,想问问他关于辩题的指导意见,没想到他看到我的第一句话是"思骋,发型变了"。当时应当说是挺惊喜的,因为觉得老师居然还记得我,甚至能精确到发型,不得不说是颇有意思的一件事儿。

谈完了老师,再谈一下教学。可能因为个人性格原因,用比较流行的MBTI来说,我是一个I人(内向者),因此对事情发表评论或者实地采访写稿子之类的任务,对我来说可能有些难度。我个人还是更喜欢理论学习等一些相对而言更加安静的能够独立完成的工作。除此之外还需要谈到考核,而谈到考核就不得不提到新闻学院的外号——小组作业学院了。无论是大一未分流时的四个新闻班,还是大一分流之后的四个不同方向的班级,小组作业总是常伴于身。它或是作为平时分的重要组成部分,或是直接作为结课考核出现,总之,新闻学院的学生是离不开小组作业的。小组作业既然是一项团队合作的任务,那么组员的构成就显得尤为重要。有的小组作业是自己找队友组队,有的则是老师随机安排的组队,前者更容易找到意见相合的队友,但是对于内向的人来说,或多或少算是考验;后者倒是不用担心找队友的问题了,只是找到的队友很难称心如意。不过我还算是很幸运的,做了这么多次小组作业,每次都能找到很棒的搭档,合作的过程也总是十分愉快。尤其是在大二下学期,和几个玩得来的同学结成了一个相对固定的组合(我们戏称之为"幸福一组人",虽然称呼总是在变,但这个最初的内核还是始终如一的),那便是更加愉快的经历了。

做　　事

另一个让我印象比较深刻的是做事。

刚入学的时候我怀揣着热情加入了不少学生组织,院辩论队、院主持人队、院学生会、党务中心,还有一个校级学生组织的主持人队,这几个组织都给我的大学生活带来了很深的影响,给我带来了很美好的回忆。

我一直对辩论有着挺深的热情,从暑假开始就尝试着寻找加入辩论队的方法,最后也是功夫不负有心人,成功加入了院辩论队,也跟着打了几场比赛。在辩论场上唇枪舌剑,在辩论场下与同学一起挑灯搜集资料、组织语言,也是一件很有意思、很锻炼人的事情。院辩论队之外则是院主持人队以及社团活动指导中心对外事务部的主持人队,两个组织的工作和成员之间都有高度的重合,这让我认识了许多播主班的同学,结交了我大学期间几个最好的朋友,认识了彭松老师,甚至被戏称为"播主班编外人员"。

党务中心党校部是我大学期间最重要的学生工作经历。我一直对党务工作有着深厚的热情,也期盼着能够多多参与、多多了解,于是就报名了党务中心的面试并通过。加入党校部伊始,我还不太了解这是一个什么样的部门,在此我要特别感谢我的前任部长钟沁悦同学,她是一个非常负责且能力非常强的部长,在她的指导和带领之下,我很快熟悉了所在部门的工作流程。大一一年,我们组织了不少场培训班,入党积极分子、发展对象、预备党员,每个流程都有。我们也出了几套卷子,监考了几次,改了几次卷子,也算是提前为教师这个我未来的梦想职业做了预演。

无论是求学还是做事,新闻学院都继承了华中科技大学严谨的优良作风,自然而然地散发着作为一个文科院系的开放包容的心态与气度,令人印象深刻,也让人获益良多。值此新闻学院建院40周年之际,写下此文,也祝新闻学院越来越好。

六月的夏天

王沛佳（2021级广告学专业博士生）

武汉是一座时间被定格又加速的城市。从冬天过渡到夏天需要五个月，但从棉袄手套挡风被过渡到西瓜空调防晒衣只需要短短一周。

这是我在武汉的第八个夏天，也是我在华科大的第四个六月。

华科大的六月是什么样的呢？

拎着切好的西瓜从超市走回宿舍，是立体环绕的蝉鸣伴着色彩瑰丽的晚霞，是树影摇曳掩映着听不真切的竹笛，是鞋底与橡胶地板的摩擦声，偶尔远远传来一声"好球"。

是随处可见的手捧花和学士服，是又哭又笑却放不开的拥抱，是一遍又一遍重复"三二一"的集体合照，是湿热的风里吹来断断续续的毕业歌。

我喜欢六月，因为我的生日在六月。我又不喜欢六月，因为六月总是分别。

2019年的六月，我拿到了华中师范大学的本科毕业证，和朋友聚集在KTV欢庆自己的生日，切开蛋糕许下诸事顺利的心愿。

2020年的六月，因为疫情没有返校，只在群里看到三个研三的室友陆陆续续回到学校搬离行李。开学时回到宿舍，看到空荡荡的寝室，才觉得，好像毕业很远，但又离我很近。

2021年的六月，同级的专硕好友在"兵荒马乱"的求职之后走向毕业，组织了好多场心照不宣的毕业聚会，似乎不说出口就不会有分别。

2022年的六月，关系很好的专硕学妹和学硕班的同学们毕业了，虽然硕博连读的我并没有"毕业"，但在辅导员邀请下绘制了嗨歌会的海报，加入了许多短暂的、快乐的集体出行，在好友的"毕业朋友圈"占一席之地，看起来我好像也毕过业了。

2023年的六月，师门里低一级的学弟学妹们要离开了，无论开心与痛苦，最终都被镀上一层名为"学生时代"的滤镜，在合影里总是笑得很大声。

我时常自嘲像一个留守儿童，送走了一批又一批毕业的同学好友，坚持守护诸位华科大新闻学子的武汉据点，翘首以盼每位外出工作的"候鸟"能够在经过武汉时说上一句:"我回武汉了!约个饭?"

聊聊华科大暴雨又淹上热搜了,聊聊食堂又开了什么新窗口,聊聊辅导员又发了什么好玩的"朋友圈",聊聊新闻学院的"秘闻八卦"。走在熟悉的林荫道,看着路边指路牌上熟悉的地名,念叨着熟悉的名字,好像毕业还很遥远。

我会聊读博的苦,失眠和焦虑,做不出的数据,写不出的论文;也会聊工作的累,压抑和孤独,干不完的杂事,开不完的会。一切又提醒我,我们已经不回头地走上两条截然不同的道路。

什么是分别?

现代媒介技术很发达,在一定程度上抹去了物理空间的存在感。即使相隔数里,在微信分享日常的时候仿佛还和以前一样形影不离,在抖音互相"艾特"(@)的时候似乎还像以前一样共享心情。但这时常又让地理距离变得更加遥远。在听到电话那头的崩溃大哭却无法拥抱时,在看到有趣的视频分享一圈却无人回复时,的确,我们在上一阶段就完成告别仪式了。

有人说,每个阶段会有属于那个阶段的朋友,在这一阶段结束后又会归于陌生。但我常常想要借助媒介技术的力量留住离开的人,却又在越来越少的共同话题里意识到,我好像活在过去。

漫长的学生生涯让我的时间像是被定格了。打开电脑上相同的文档总有敲不完的字,然后和同门就同样的话题日复一日地拌嘴打趣。在重复的选择范围里规划今晚吃什么,有快递就去"东一",没有快递就去"集贸"。

我说,我的生活好无趣啊,好想去工作。他们说,真羡慕你,好想回来读博,回到在学校的时光。

我们总是会美化自己尚未走过的那条路,即使它看起来似乎也充满了坎坷和险阻。因而我们更加痛苦于当前的选择,忽略了现有生活里微小而确定的幸福。

带本科同学逛校园,永远绕不开的话题是"华科大新闻学院有一整栋楼"。讲讲研一去东九上课走到崩溃,哭着和爸妈说我一定要买一辆电瓶车。然后说说三十多个食堂打卡了几个,还有排队一个小时却出乎意料难吃的煎饼果子。

梧桐絮是四月的朋友圈顶流,五月的是石楠花,六月的是西十二旁的格桑花。有家长带着孩子在花田里嬉笑打闹,还有2022年东边操场旁的向日葵,有年迈的夫妇相拥着拍照打卡。

新闻学院的六月总是很热闹。2022年和同门一起在学院参加嗨歌会;

2023年学院门口的灯牌成了华科大必备打卡景点,好多年轻"法师"扛着"长枪短炮"摩拳擦掌,势必拍出一组赛博朋克大片。

机缘巧合下成为华君老师的学生,度过了我在新闻学院的四个年头。华君老师四年如一日认真、负责的教导让我在学业上取得了显著进步。老师的教诲不仅提升了我的科研素养,还教会了我如何积极地面对人生的挑战,如何在困难面前保持坚持不懈的心态。

和他们因为相同的学习经历相聚在一起,构成我在新闻学院的第四个六月。有耐心指导我的师兄师姐,有一直支持我的师弟师妹,有可以一起分享趣事的同学。闲暇时有他们拿着相机带着我"打卡"醉晚亭青年园;情绪低落时有他们捎来的"妃子笑";状态不好时有他们把我拽出来聚一聚、聊一聊。

然后拍上一张新闻学院门口的晚霞发给远方的他们,传递一些闪闪发光的回忆碎片,聊上几句近况,再各奔旅途。

和分别和解,让我更加明白要抓住当下所及的幸福。和生活和解,提醒我总是没有一帆风顺的坦途,经历过挣扎和坎坷到达的终点才显得更加宝贵。

当我写到这里,天空昏昏沉沉地暗下来。华科大的路灯开得很早,宿舍楼下的路灯旁穿着学士服的学妹们挥舞着白色的手捧花,带着青春和肆意的笑容,对面举着相机的男孩蹲下又站起,女孩们呼啦啦地围过去,探头看着相机里的照片拍手叫好。晃眼的灯光下,有人远远地在唱:

我会牢牢记住你的脸,

我会珍惜你给的思念,

这些日子在我心中永远都不会抹去,

我不能答应你,

我是否会再回来,

不回头,不回头地走下去。

2025年的六月,希望我也能穿上博士服,捧着白色的手捧花,和新闻学院好好说一声:再见,珍重。

一封回信

李晓川(2023级广播电视与数字媒体专业博士生)

在2020年的研究生开学典礼后,新闻学院每个新生都分到一张卡片,可以用笔写下对三年后的自己想说的话。初入研究生阶段的我满怀憧憬,凭着对未来的初步想象,写下了这样一些话:"希望自己好好把握这难得的学习机会,充实地度过这三年。作为一名新闻学子,要认真践行'秉中持正,求新博闻'的院训;作为一名学术型硕士研究生,要努力提升科研能力,争取在硕士期间产出一些显著的学术成果,早日达到毕业要求。最后,我还希望自己的三位室友都能顺利读上博士。"

这些话就像一颗颗种子埋在了心底,激励着我不断向前。三年的时间很快过去,我也顺利从新闻学院硕士毕业。值此机会,我向曾经的自己写一封回信,记录这趟难忘的旅程。

三年前的晓川,你好!

我知道你三次考研才最终上岸,心里一定万分珍惜这来之不易的学习机会。我也知道,你在入学后很长一段时间都有一点自卑,你会觉得身边的同学都非常厉害,自己却是费了很大力气才有机会跟他们一起学习,倍感压力。现在回过头来,我想告诉你的是,每个人有自己的节奏,你通过不懈努力完成了自己的目标也是非常棒的。你可以把眼光放长远一些,不要苛责眼前的自己,要接受自己的不完美,通过持续的努力让自己变得更加优秀,不用刻意去横向和别人比,多和自己纵向比较,看到自己的进步,慢慢树立自信。

你一定还记得当初考研复试的时候,向面试官介绍自己有浓厚家国情怀,希望读研期间将自己曾经所学的知识与新闻学结合起来,探索一些解决中国实际问题之道。现在看来,这对于一名硕士研究生来说,实非易事。但人有些抱负和理想总归是好的,当我们的心中开始为国家和社会的发展做出一些思考时,就不至于常常因为个人的得失而或喜或悲。

你是从管理学跨考到新闻学,虽然在开学前抓紧时间看了新闻传播学基础教材,也陆续听了导师推荐的一些线上讲座,但要真正入门还需要较长一段时间的投入。研究生的学习更多的是讲究自主思考和学习,一些基础性的内容,老师不会在课堂上细讲,老师在学习上扮演的是方向引领的角色。不过你也不必过分焦虑,室友都是本专业出身,可以多多请教他们。比如在刘洁老师的新闻学理论课上,你就和室友一起合作完成了小组选题,对《人民日报》的征兵动员报道进行了内容分析。那次经历,你感受到团队协作的魅力,也加深了如何用好一种研究方法的感悟,要学会在干中学,不要有畏难情绪。

在研一上学期,你在导师的建议下,对英国政治学家史蒂文·卢克斯的三维权力观进行了学习,并在此基础上广泛阅读中外文献,开始撰写论文,入选在海南举行的第八届国家传播战略高峰论坛;在研究生论坛做了《国家间权力关系的三个维度——以卢克斯权力框架为视角》主题宣讲,并获得好评。这让刚刚步入研究生阶段的你对今后在新闻学院的学习生活信心倍增。2021年你利用暑假的时间,参与重庆大学网络与新媒体讲习班,并做了论文宣讲,体验到了在与他人交流中开拓研究思路的妙趣。2021年末,你参与了学院举办的首届智能传播与健康治理国际学术研讨会,在工作坊会议中做了全英文宣读。

你一定还记得,当初在跟硕导徐迪老师邮件联系的时候,她鼓励你要保持勤奋好学上进的态度,在研究生期间产出一些显著的学术成果。这对你来说既是一种压力又是督促自己前行的动力。你在导师的带领下,加入国家战略传播研究院,有机会参与了2020年"寰球民意"调查的报告写作和可视化呈现,对中国的国家形象和对外传播现状有了更清晰的认识。研二的时候,你还根据民调数据撰写了一篇论文,发表在核心期刊上。

读研这三年,老师对你在学习和生活上都悉心关照。在雨季,她会转发天气预报提醒你出行注意安全,看到有宿舍被淹的消息会第一时间询问你居住的情况,在天冷的时候会提醒你注意保暖。我知道你从初中便开始了一个人在外求学的生活,习惯了自己照顾自己,老师的一句句问候,一定会让你感觉无比温暖。你在遇到难过的事情时,老师也会耐心开解。有一次你因为跟家人沟通出现难题陷入深深的担忧,情绪崩溃之际向导师说明了自己的现状,她在深夜用微信长文耐心地劝导你,鼓励你要正面应对来自生活和家庭的压力,提前做好人生规划。她让你进一步明白,绝不能把研究生生涯当作一个逃避现实的避风港,而是要理解成帮助自己重新思考人生路径、转换人生跑道再冲向另一个高峰的起始点。还有一次你看了很多文献却实在写不出东西而向老师诉苦时,老师也是一个劲地鼓励你,告诉你写作本来就是脑力劳动，有时候看了很多资料并不意味着能写出很多，要学会调整自己的状态。你是老师的第一位学硕学生，老师总是会提前为你做好任务安排，希望你能多学点东西，基础更扎实，带你不断尝试，期待你能走得更远。可以说读研这三年是你快速成长的三年，你从一个新手到硕士顺利毕业，老师是给你帮助最大的人。

你和自己的室友国君、叨仔、仲抒会相处非常融洽。还记得刚认识不久的那场夜谈，他们三位都说自己要读博，你当时不确定自己的方向，就想着一定要做好当下的事情。这样一来，室友的目标是基本一致的，大家会时常在一起讨论学习中遇到的问题，一起分享对于某个现象的思考，一起为发刊而努力。叨仔是最会做计划的人，他会提醒你们在不同的阶段需要注意的事情。比如，他会带着大家一起分析今后升学将面临的处境，分享自己对于申博的一些看法和建议，告诫大家要有危机感。你们还一起商量出一些独具特色的论断，比如围绕研究生前一年半提出着重打好基础的"上半场理论"，针对比较紧张的研二到研三阶段提出集中冲刺的"下半场理论"，在一些紧迫的节点舍友还会召开特别谈话，梳理对近期进展的总结，明确接下来任务的安排，比如"春分宣言"。正是因为生活在这种个性独立而又团结活泼的宿舍，你能不断获得正向反馈，始终保持热忱。感恩在121室与各位室友相遇。叨仔，作为宿舍的"学术之星"，每次与他探讨论文写作思路，你都能从他那里得到启发。国君，他勇敢坚毅、永不放弃的精神让你深受鼓舞。仲抒，真诚友善，有他在，宿舍总会增添欢声笑语。你们相遇在最好的时光，一起学习，一起进步，都有美好的未来。

还有一件值得高兴的事情，你在新闻学院经过考察和培养，于2022年11月30日成为一名正式党员。

行文至此，是时候说再见了，同时我也要欣喜地告诉你，三年后你会顺利毕业的，不用过分担心，而且研三的时候，你还成功申请了硕转博，2023年9月你就要正式博士入学。如果你遇到什么困难，也可以放心联系邵导，他是一位非常为学生着想的辅导员。面对未知的行程，勇敢前行，正如他在毕业季给大家写的小作文所讲的，前路少畏难。希望你始终保持谦逊与求索的初心，奋发向上。

四十年很长吗?

罗钰雯(2022级广告学专业本科生)

四十年很长吗?

对于个体,它似乎很长,长成了生命的一半,长成了他们无数黑夜中的辗转反侧与犹豫拉扯;对于历史,它似乎又很短,短到前有古人后有来者,短到翻箱倒柜仍无法见闻。

新闻学院的四十年,是一群人的四十年,亦是一段历史的四十年。这拔地而起的不单是一栋楼宇。四十年岁月中,一桩桩一件件,新闻学院用自己的方式诠释着新闻的使命。四十年栉风沐雨,四十年砥砺前行,历史淬炼成的底蕴在新闻人的记忆中留存,这记忆比历史走得更远、更深刻,并还会在代代传承中愈发璀璨。

我凝望着最初的凝望,似乎正对着四十年前的第一块砖瓦落地,这"老楼"与第一代新闻人一起书写着序章——不禁畅想,四十年风雨中,这里发生过多少坚守信仰的拉扯,多少未知结果的等待;多少脆弱的人们获得了重生,多少强大的信仰拯救了真相……这一本跨越四十年的史书,一边与时代奔跑,一边坚守固有节拍。

但我深切地体会到,这建筑只是时光,不停流逝的时光。砖瓦在时光里会渐渐剥离,记忆会随着人来人往、天各一方而散去。但总有人来到这里,一遍遍走进新闻的殿堂,叩问着四十年不变的真谛。无数人从头开始,在这里常品常新,然后投身于自我的生涯与生命,燃烧一分激情,照亮一方天地。时间再长,终坚守以待,这楼宇俯视所有的离合,不辨喜怒,这力量在所有学子的心间蔓延开来:坚信没有不可跨越的山海,没有无法诉说的热爱,在这里孕育出理想和初心,然后穷尽一生都走在回到新闻学院的路上。

四十年很长吗?

生命可能相交,但绝不可能重合,这绝不相同的生命生发出绝不相同的思绪,为历史书写生动的注脚。

我不禁想起老师在课堂上语重心长的叩问:"同学们,新闻到底是什么?"

他抬着头,语气平静,似乎像谈起今天的天气,眼睛却没有看向教室里的任何一个人。他的目光越过我们,有着短暂的迷离。那眼神中的聪慧让位给恍惚,逐渐燃起火苗——他似乎看到了答案。那是他的人生,是其中尽管遥远到支离破碎以至于模糊不清,但仍激荡人心的信仰与初心。人的思绪无法全然外显,语言的表达可能有所粉饰,但那一刻,讲台上下,心与心得到了共情,他纯粹的感情几乎从那一句诘问中生出光芒,灼伤了眼睛——他看到了从前坐在讲台下的自己。顷刻之间,人生再现。

　　我眉头皱起,感到震耳欲聋。老师的诘问用力敲响我的心脏,这阵痛之余是片刻恍惚。直到那时,我才发现,原本令我沾沾自喜的那些新闻经历,原本我以为的那些对于新闻的理解,因为缺少内核而显得草率且苍白。

　　我想这更是新闻的魅力。

　　学术之外,没有人会给"新闻"设限,尽管无数学者为此绞尽脑汁,然而三言两语终究无法一言以蔽之。但这个问题永远不缺少回答。若你尝试提问,每一个人都会看向自己的过去,与任何一个人都截然不同的过去。不同的生命生出不同的宇宙,于是受访者们将给出截然不同的回答。

　　新闻的魅力恰在于此,四十年间,甚至更久的时间里,没有人会步前辈的后尘,他们都至少片刻地存在于自己的生命中,用自己的语言体系、价值观念完成自己的新闻使命。书本之外的所有的例外,都不是对故事的否定,而是对历史的丰富。

　　这也恰是我深爱着新闻学院的理由,深爱着他的四十年历史,亦深爱着四十年间他面对所有新闻人海纳百川的魄力与亲和。这里的历史从来不是单调的,绝没有不容自我伸张的专制与束缚,绝没有不容有差的孤独与侧目,却又绝不会生出漠视信仰、搅动风云的罪恶。从执笔落笔到敲动键盘,从报刊印刷到线上传播,历史洪流的变幻莫测中,不变的是新闻人探索生命的热爱。

　　四十年很长吗?

　　我们所居的世界不够完美,这不完美使得历史很厚很长,举目四顾,是新闻人拼命缝合裂缝的身影。

　　世俗可以否认新闻与传播的力量,但新闻人不可以,他们的那些自成一方天地,所有的否定都无法打破那些纯真与瑰丽。我看过许多的故事:有的很长,有的很短;有的用鲜血书写绝唱,有的以沉默对抗虚妄;有的抢命似的活在有意义的生命中,有的步入黑夜,成为人类闪耀群星中的一颗……后来,我忽地发现,翻看着他们的文字,就像看着那些坚守者,在这些标点符号与抑扬顿挫中窥见一个又一个历史的细节,在心与心的共鸣之间看到新闻从业者前进的脚步,我们学过的那些动人心魄的典型,最后都会成为关键时刻支撑我们向前走的理由——原来这么多人前赴后继,原来这么多人坚守初心。

新闻人的魅力不是在四平八稳的日子里讲几句大道理,而是在假象面前怀疑一切,在灾难中呕心沥血,面对一切,揣着信仰,整装待发,去做一些逆流而上或者至少坚守在潮流中的勇敢的事情。他们的博学多才,最需要信仰的支撑,于是这口诛笔伐不至于迷失方向,不至于反伤友军;他们的理想初心,最需要长久的坚守,所谓的听天由命和随波逐流,不过是信仰破碎后的绝望。

等到天黑的时候,文字与真相成为唯一的光,它不必夺目,只要告诉哪怕一个人民希望的方向,便是心满意足。

这世界常嘈杂,即使大声咆哮,依然收效甚微,但我们还是决心执笔,同祖国飘扬的五星红旗,同远方人民的殷切期盼,写一首无法动摇的进行曲。

四十年很长吗?

我想是的。

我 想

王行健(2022级广播电视学专业本科生)

你若问我在想什么
我会说,我想华科大呢
你若再问我一次
我会害羞地咧开嘴角
一点点蹦出"东六"的声音

我想成为东六门前的梧桐
向下扎根,肆意生长
脱去青涩
燃烧青春的烈焰

我想成为院楼旁的大石头
秉中持正,求新博闻
默默矗立
守护求知的殿堂

我想亲手填写人生的问卷
让一切的标准答案,全部消散
我想双脚踏上所谓的穷途
让既定的飞岩漫沙,全部紊乱

我想一直拥有年轻的资本
年少轻狂,天真倔强,无羁无绊
我想永远怀着一颗不死之心
赤诚热烈,信马由缰,奔波不倦

我想失去害怕的能力
将恐惧关进牢笼，自身依旧毫无破绽
我想拥有过滤的能力
流走的都是烦恼，余下的都是璀璨

我希望二十年后的自己
追溯大学时的回忆
有饭堂的砂锅饭、烤鱼、大盘鸡
年少时简单的欣喜
竟也有迹可循

我希望二十年后的自己
无意间收拾行李
看见院衫、录取通知书、毕业证
华科大新闻的碎影
历久弥新
我站在人生的节点
一手牵着过去，一手触摸未来

我想启动唱片机
播放成长的 CD
我想把新冠疫情、乡村直播、国际风云
拍进十八岁的电影
没有台本、没有编剧
教我责任、予我担当
生与死的交织，爱与痛的罗网
人间真情在这里碰撞

我站在青春的节点
背后是期望的目光
肩上是沉重的责任
胸前是炽热滚烫的理想

我想跻身于这个最伟大的时代
骑着"三牛",乘着改革的东风
梦想为帆,奋斗作桨,砥砺远航

我想接续传承千年的东方智慧
追寻人类文明进步的标识
创造出中华民族更加绚丽的辉煌

华科大新闻的奇幻旅程正在进行
属于我的人生大戏才刚刚开场
在可见或未见的前方
我放声歌唱
所见所想,皆成华章
举目所及,山河无恙

写于 2023 年 5 月 5 日

2

师生同窗

走进老师们的办公室

吴雪如（2020级广告学专业本科生）

"怎么会有人想去老师办公室坐坐？"刚从高三走出，难免会有点"老师办公室恐惧症"，我本人就是一个典型例子。每回进老师办公室，外表看似与常人无异，其实心跳加速，大脑停转，身体僵直，总是记得呼气忘了吸气。所以对我来说，通常被"邀请"去老师办公室就意味着达摩克利斯剑落下。

那时我大一，在发出吐槽的后几天，我第一次去了大学老师的办公室。

接到吴曼丽老师的"邀请"时，我本来想的婉拒理由到了嘴边又吞吞吐吐地回到了嗓子眼，聊天框里一番推三阻四的话删删改改，最后整不出一个有效的法子，只能硬着头皮上。出发前，我给自己做了好几层心理防线建设，却还是一地鸡毛地心惊胆战，脑子里回荡着曼丽老师开班会时说的"大家如果有什么事情都可以直接来办公室找我，没有什么事情也可以来办公室找我"。

"唉，怎么会有人想去老师办公室坐坐。"站在院楼门口，我苦笑着叹息。

第一次"老师办公室之旅"的具体原因已经被我抛之脑后。只记得那天我提前了半个小时到，但好像来得过于早。见院楼的走廊里空荡荡的，我心里高悬的大石头才放下，在楼里晃悠着笑出声来，半是窃喜半是忐忑。像是得到了某种解放，在这个无人的空档里开始"做贼"般把院楼从上到下转了几圈。对于"办公室恐惧症"患者来说，这个机会实在是难得。

三楼、四楼、五楼、六楼……一个拉低帽檐、勒紧口罩的身影蹑手蹑脚地溜进楼层回廊里。多数老师门前的名牌已经被"任性"撤掉了，有的门上巧思横生，换上了些极具个人特色的装饰，也有的仅有一个门，看起来简约大方。我打量遍这些老师的办公室门口，只靠耳熟的名字和模糊的印象将他们在心里与人一一对上号，便觉得怪有趣的。那一刻，好像我也不觉得老师办公室同虎穴龙潭般幽深，倒像极了逛街时某些琳琅满目的摊点。

本来写到这，我应该给读者一五一十地交代完第一次在老师办公室的经历。可实际上，每次去老师办公室，出来后我大半的记忆都会因为太过紧张而消失，就好像刚刚进去的是世界上的另一个吴雪如。我不禁也感慨这

"病症"太奇怪了,可我实在没办法一次性解决它。不过好在随着去老师办公室的次数增多,我的情况也好转了不少。

大二的时候,我们小组同学一块去李华君老师办公室。与以往不同,这次是我们主动约的,为了和老师讨论一项作业。

但这次拜访,我的心也不能踏实。我知道老师们平日都很忙,所以我很担心跑来办公室找老师只为作业这点"小事"是否有些不妥。作为组长,虽然我面上保持着平静,但心里鼓声渐大,想到这里我有些失了底气。

走到门口,几个人大眼瞪小眼没好意思进去,只敢给华君老师再发了一条消息。获得确认之后,才你推我拉地簇团状地进了办公室。老师电脑桌的一旁就是沙发,正好能容纳我们四个人乖巧的模样。可是等真坐下了,我们好一会儿都没人开口说话。当时,我脑子已经开始发晕,手脚不知所措,额头上的冷汗涌出,涔涔地发凉。说句实在话,课堂上的我总是爱坐第一排,与老师的距离远要比在办公室里头近得多,但一进了办公室,这个场域就像有什么不可控的魔力让我折服。

华君老师一出声,就把我拉回了现实,他大概看出了我们的窘迫,也没有一上来就问我们的来意,先问了些最近的学习和生活。说起这些,我们像是一下子打开了话匣子,又是接龙又是"补刀",点兵点将似地将课程挨个说了一遍,大有一种不吐不快的气势。接着,华君老师的话头转到了自己的"广告创意与策划",我们前面说了许多心里话,在这儿尽管犹豫片刻,但在他温和的鼓励下,索性也把在作业中遇到的问题全盘托出。

一般而言的"没问题",到我们这里却成了"有问题"。说到后头,我们的声音也渐弱,彼此你看看我,我看看你。华君老师一面询问着想法里的每个细节,一面帮着捋顺目前的思路。他还颇为认可地点点头,表示如果做得好,这个甚至可以是广告学的特色品牌项目。华君老师的奇妙之处在于,原本看着七零八碎的东西在你来我往的话语间被重新组装,我们对这次作业、对自己的想法、对广告学又有了进一步的认识。谁曾想,进去时我们全组还满面愁容,为这门课程的作业犯难;出来时已经是眉飞色舞,赶鸭子似的要去约饭。

临走时,华君老师为了鼓励我们,兴致勃勃地把院史借给我们看。我有些诚惶诚恐,但更多的是好奇与期待,思绪不知飘向何处——这次看起来小小的作业究竟会怎样发展下去呢?

长达半个学期,那本院史就在我的床头,成了我每天睡觉前翻一翻的必备项目。原来最初的新闻学院完全是另一个模样,原来广告和传播有这么大的关系,原来老师们也不过是初来乍到:看着一个个近在咫尺的老师"跳"进书里,还是他们刚来学院的时候,扬着青涩的面孔腼腆地在书中冲着我笑……

成为预备党员的时候,我被安排与书记谈话。一时间,我的"办公室恐惧症"又发作了。虽然几年的锻炼已经让我具备在办公室里和老师说说话的基本能力,但这会儿可是要和书记共处一室啊。彬彬书记的模样浮现在我的脑海里,平日总是能在很多场合见着她——温柔大方又不失活力地坐在老师席。我宽慰自己不要把情况想得太糟糕,可手里的预备党员材料已经被捏出了一把汗。

刚进门,迎上彬彬书记和煦的笑容,心里的不安率先消融了大半。我壮着胆子,想先做个自我介绍,没想到书记开口说:"你是今年拿国奖的那个吴雪如吧?"语调上扬,听上去并不是个问句。我愣了几秒才点头,原本以为书记是不认识我的。

"哈哈,果然是你,我看着很眼熟。你当时说做了很多次志愿服务,我印象很深刻的。你现在还经常做志愿服务吗?"

这样的开场本不在我的预料内,但意外地领着我到了最熟悉、最有话可说的领域,我也笑了。坐在书记旁边,我讲起今年做的好几次有意思的志愿服务活动。她津津有味地听着,也不觉得枯燥,不时还询问几句。在谈话中,我了解到原来她对这块也很感兴趣,于是我们顺着志愿服务一路聊到了为人民服务,恍若山间水流顺势而下,话语不绝。

直至超时,下一位同学急着要进办公室,我竟还有些意犹未尽,感觉心里还有许多经历没有分享。我没想过会和书记聊我的志愿服务经历,也没想到会聊得这样酣畅!

大三的时候,我、艾佳、张嘉、肖老师怀着一种像刚进大学一样懵懂的惭愧找到汪让老师,向她学习做科研课题。在此之前,汪让老师指导过我们参加"大广"赛,不过当时更多的还是几分敬畏的远望。我们几个才进办公室坐下,她就挨个"点名",语气熟悉又生动。我知道,她一向是个"脸盲"。说是做科研,但气氛没有我想象中的严肃,在欢笑中她同我们分享了许多。现在回头看,如果不是她,我们或许现在连科研的一点味道都没机会咂过。

很巧,这也是我"大广"赛后第一次与她见面(2022年"大广"赛,我们的作品没能成功提交),会面结束后,她把我们送到门外,在门口又喊住了我。我一下子没反应过来,只听到"大广"赛几个字从她嘴里清晰地说出来,忽地被勾起往事,眼眶就红了。她手按在我肩膀上,缓了缓说:"一直没找到机会正式地和你聊这件事。后来在'朋友圈'看了你的推文,真的感受到你们作品没能提交的难过,实在有点担心。不过今天在办公室看到你们状态都很好,我也不那么担心了。"

我不知道我是从什么时候开始称呼汪让老师为"让姐",尽管每每走进办公室,我还是有些拘谨和生涩;尽管每次发微信消息,我还是要好好和"文件助手"琢磨一二。而我们的交流不再局限于办公室,有时是周末加班的深夜,有时是院楼门前的车棚。渐渐地,在她面前,即便是办公室这个场域也无法束缚我的任何想法。

成为班长,难免要和老师打交道,难免要踏入各种各样的办公室,每次出发前我都要鼓足勇气,每次回来我又带着新奇的收获——办公室何尝不是老师们的另一面呢?

记得每次去交作业,于婷婷老师总不忘问班上的近况,无论讲台上还是私下里,母亲般的光辉总是温柔地环绕在她身上;记得夏志强老师手把手地教我们操作录音间设备,把我们粗糙的作品翻来覆去改了好几版;记得教师节当天,陈薇老师办公室门口摆满了整箱的啤酒和鲜花,几张笔尖流淌的贺卡堪堪别在一旁,这样的组合无疑太浪漫;记得李贞芳老师的办公室,阳光一透进来,敞亮得就像我还没开始跑数据的 Excel 表;记得陈少华老师的办公室里的长桌大得可以坐下两支实践队伍,我们对着满架的书讨论起下乡安排;记得黄导坐在角落里眼神直勾勾地盯着统计表,身后是两年前送给他但一直没开花的小盆栽,得站在他面前好一会儿才能注意到它;记得暑假前夕,李导一对一帮我修改惨不忍睹的简历,从实习到保研,在她的提醒下我惊觉自己原来什么都没准备……

大学四年,我在新闻学院里接受了一场关于"办公室恐惧症"的长期治疗,老师们的办公室就是我的康复主阵地。我依然记得头几次去的时候,总要在办公室门口站好一会儿,深呼吸伴着自言自语,把聊天记录翻出来反复确认。满脑子幻想一会儿嘴瓢说错话被赶出来的场景,然后制订一系列"公关措施",这种角色对话扮演在我的脑子里是常有的。只是至今还没有一回被老师赶出来的经历,能让我用上这套应急方案。

毕业之际,我立志大大方方地在院楼里多转上几圈,再去老师们的办公室蹭口水喝。我庆幸自己有这样多的机会,走进老师们的办公室,看到了他们可爱的另一面……

徐明华老师二三事

郑杰滨（2022级广告学专业本科生）

《红楼梦》中曾用这样一句话形容寻觅知音的艰难："万两黄金容易得，知心一个也难求。"于我而言，才德双馨的老师也是极为珍贵的存在，而徐明华老师就是我喜爱的老师中"白月光"般璀璨夺目的存在。

还记得她的第一节课，就像白居易《琵琶行》里写的那样："千呼万唤始出来，犹抱琵琶半遮面。"在还没有上她的课之前，传播班的同学就在酝酿蓄势说："徐老师是个特别 nice 的老师，她的课很生动活泼，你们可以小小地期待一下。"这让热爱学习的我充满了期待，我早早地午睡起床，提前30分钟赶到教室，渴望能一睹徐老师的风采。

她的讲课风格非常独特，甚至连她自己也这么觉得。"其他科目的老师可能会一上来就给你们讲授理论知识，但我更希望帮助你们答疑解惑，让你们明白为什么需要学习这门课程。"于是乎，她花了两三节课的时间，声情并茂地给我们讲了"传播学是什么""传播学与其他学科的关系"，不仅帮助我们弄清楚了为什么要学传播学，也让我们对已学的和即将学习的学科有了更加清晰的定位与认知。

我记得她还现身说法，提及她读本科时也曾是我们的院友，并分享了在那段时间里的经历。因为当时讲课的老师们都没有向她解释为什么要学这门课，以及如何学习这门课，学习这门课需要哪些思维方法，让她学得很吃力。她还诙谐地自嘲说，那时的她就像我们如今所形容的"学渣"。"不过后来由于机缘巧合，我去到海外留学，特别是在社会学等学科的学习中，我一下子醍醐灌顶、茅塞顿开，逐渐掌握了学习的窍门，成绩也有了明显的提升。"所以说，正是学生时代这份难得的经历，让她总是能够站在我们学生的角度来思考问题，从而更好地把握我们的兴趣点，与我们产生共鸣。

那节课上完后，我记得"朋友圈"都"听取'哇'声一片"："三生有幸，能遇到这么好的老师。""她真的，我哭死。""她真的太棒了，我感动得要哭了。"凡此种种，不胜枚举。总之，说她用自己独特的人格魅力征服了我们，一点都不夸张。

原来像我这样自卑而内敛的人,有一天也能得到徐老师的关注。记得第二天上课时,我正襟危坐,期待着能不能被徐老师点名。没想到,徐老师真的点到了我! 我记得她这样描述我:"这位戴眼镜、穿蓝白衣服的同学,眼神透露出智慧,请你回答一下。"当时听到这句话,我心里美滋滋的。

　　第二天我去院楼借录音棚,不小心走错了房间,去问路的时候,徐老师一眼就认出了我:"这不是昨天回答问题的那个同学吗?"她说着说着又笑了起来,那个笑容我记了很久。后来在接下来的几次课上,我又前前后后被徐老师点到过两次。所以徐老师有没有记住我呢? 大抵是记得的吧。

　　经过两个学期与各位老师的接触,在我心中,没有人比徐老师更懂得教书了。拉斯韦尔、卢因、霍夫兰、拉扎斯菲尔德、施拉姆等一众令人高山仰止的大师,在徐老师的讲授下变得像小霍、阿施一样贴近生活。把关人、框架理论、魔弹论、有限效果论等一个个关键概念,总是能被她巧妙地结合各种时事热点而变得生动有趣、绘声绘色。她经常使用"单口相声"的方式,让课堂充满了欢乐的气氛。比如,在讲授后现代主义时,她提到了"复制取代生产"和"符号代替现实",将其联系到而今肥皂剧中常见的情节,如车祸、失忆、兄妹、灰姑娘等,并现场担任"编剧",创作华科大版的"灰姑娘与白马王子"的故事。她讲一句我们就笑一句,有些笑点低的人整节课下来笑容就没止住过。不过这种方式的确让我们将知识真正入脑入心了。后来,有人抱怨说,老师课上说的内容考试都没考,而我只付之一笑,其实考试的重点早已融入了每一堂课生动有趣的教学之中了。

　　不过,在这种欢快的教学过程中,徐老师讲授的内容也并不缺乏深度。她会在课上给我们讲顶级期刊的文章,会提到传播学的前沿研究方向,会教给我们各种硬核的传播学研究方法……而且,她总是能很好地把握这个尺度,只将这些内容作为教学的良好辅助,而不是抛出好几个高语境的社科术语,让学生听得一头雾水。即使要讲,她也会在确保能把理论讲得足够浅显易懂时才传授给我们。此外,她丰富的人生经历也使得她在讲解时从来不乏鲜活生动的生活案例,以此帮助我们深化对知识的理解。

　　徐老师总是像对待自己的孩子一样关心着我们,考虑着我们的情况。在第一节课上,她就明确表示不会布置小组作业,而是会通过互动性教学方式来解决课堂上提的问题;她在第一节课就详细说明了考试要求,还把她精心制作的PPT分享给我们,让我们打印出来方便课上做旁批笔记;她还根据"学霸中的战斗机""战斗机中的战斗机"等不同层次的学生需求,走心地推荐着一本本课后书目;最后几节课因为要带学生去俄罗斯进行访学,徐老师不得不调整课程,但她又额外抽出本该是自己的休息时间,确保将原本该上的内容全部讲授完才离开;在她发送最后一课的考试提醒时,还贴心地叮嘱我们一些考试注意事项……这样的老师,谁不喜欢呢?我也不愿辜负她的一片苦心,努力用心地复习,希望能在成绩上给她惊喜,让她看到我的勤勉付出与真诚的态度。

至今难以忘怀的是徐老师的最后一节课。她从不惮于揭露现实的残酷,如通过"知沟理论"揭示贫富差距陷入"马太效应"的深层原因;通过"把关人"和"议程设置"理论来挑战新闻行业的"专业主义"和"客观主义"情怀。她想传达的是,年轻的学子不能在没有真正体验过现实的残酷之前就自以为拥有情怀,因为这种所谓的情怀是经不起考验的。人只有在真正经历过人生的捶打之后,仍然坚信自己要去走这条艰辛之路,才具备真正的情怀。

她还说,我们所学的知识就像工具一样,可能有时会显得阴暗,但我们也可以从反面入手,将匕首变为宝刀,让知识为人类社会造福。例如,通过"家电下乡"计划来帮助贫困农民解决"知识鸿沟"困境。通过这样的方式,我们能够将所学的知识用于实际,使之为社会做出贡献。徐老师热爱着自己现在的职业,在她这个年龄段和职称上,她本可以选择早早"躺平"、安于现状,但她的内心永远年轻,始终保持着对教学的激情。她全心投入地备好每一节课,沉浸在自己的世界中,用心和尽心地讲授好每一堂课。尽管她曾亲口说,自己并没有什么情怀,是通过在实习和工作的过程中不断试错,才幸运地找到自己热爱并为之执着的事业。幸运的是,正是她的这一选择,让我有幸遇到了这样一位才德双馨的优秀教师。

她通过自己的经历告诉我们,放弃最初的情怀并不一定是坏事。因为在进入社会后,我们会面临各种各样的压力,例如购房、购车、职场竞争等,这些压力会让我们质疑在大学学到的东西是否真的有用和有价值。作为过来人的老师,不应该指责学生说:"你们怎么能没有情怀了呢?"她想强调的是,无论如何,每个人都应该有自己的理想,让心灵有个栖息的地方。我们不能在30多岁后因失去人生的方向而过着机械重复、毫无激情的生活。我们应该追求自己的理想,让生活有意义,而不是静如死水、不明所以地过着车轱辘般连轴转、一眼望得到头的日子。

徐老师也深谙教育的真谛,她的那番肺腑之言让我至今难以忘怀:"如果我课上得好,不用考你也能记得牢;如果我课上得不好,你们也背负着痛苦去掌握知识。""我个人认为,老师的段位其实体现在平时一点一滴的教学上,而不在于期末考试出难题为难人这种形式。"她让我们正视人文与社科知识结构的差异,学会"和而不同""求同存异",在不同的学科间寻找共同点,同时又接纳和尊重彼此的差异。她在每节课上都教育我们要学会去"思辨",即通过学习理论、质疑理论,最终提出自己的新见解。因而,她也用这种思维去批判如今学界过分向西方理论靠拢而"削足适履""张冠李戴"甚至"全盘西化"的现象。她认为,我们不应该因为今天所谓的西方标准而放弃我们的中医、古诗词等"高语境"的传统美学,我们需要传承并发扬中国式的研究方法。"学一部分西方好的东西,但也保留并传承好自己优秀的文化。在这一过程中要保持理性,不要捧一踩一。"这是曾出国留学过的徐老师反复在课堂上强调的观点,真正做到了"对这片土地爱得深沉"。

最后,她深情地说:"谢谢大家的掌声,以后有机会再见啊!江湖之上总能相见!"这番话不禁让我想起了一句歌词:"逃不过相忘江湖之间,忘不了惊鸿一眼。"忘不了她激情传授的传播学知识,忘不了她句句箴言的人生哲理,更忘不了她教给我们"在学得知识后跳出这门课,去反思所有学过的东西"的思维方式。我敬她对这份职业的热爱与坚守,敬她对我们这群后生的谆谆教诲,更敬她身体力行地运用她讲授的思维方法去反思并更新每年的教学内容,把自己的所学所知及时添加到课件中,毫无保留地传授给我们每一位学子。

她用一言一行让我对人生选择有了更深刻的思考,促使我选择了离传播学更近一些的广告学,更坚定自己以后当一名人民教师的信念,并愿在以后的一次次试错中去努力找寻人生真正热爱的方向。你们说,像徐老师这样既有学术风骨又有人格魅力的老师怎么不值得我喜爱呢?

尽管我们在课堂上相聚的时间有限,尽管以后很少有机会上徐老师的课,但是我坚信,"江湖之上总能相见",我们定会在未来的人生道路上再次相遇。徐老师的教诲将成为我不断追求知识、思考和成长的动力。我衷心感谢徐老师,也希望她在自己的学术江湖之上继续闪耀,让更多的人受益于她的智慧和激情!

打开华科大这本书

商誉文（2022级新闻学专业本科生）

一

打开华科大这本书，第一页，我就迷路了。

拖着行李箱走过东大门，我一度怀疑自己走进了一片藏匿在高楼大厦之间的森林。

远看是树，近看是树，走进街道左左右右全都是树。远观时还簇拥在一起的绿色线团在接近时一下子变得高大挺拔，强有力的枝干撑起一片天空，随后，居高临下地俯视着迷茫的我。

翻找地图，搜索定位……韵苑在哪儿？食堂在哪儿？传说中的东九教学楼又在哪儿？

风动，树叶翻飞，在师长同学的帮助下，我搭上了热心警务人员的巡逻车。走迷宫般转了无数个弯后，我不禁感叹韵苑好远，后座的学长听到笑了起来："我们这就在韵苑啊。"

我想我当时的表情一定很有趣，而在这之后，一次次的迷路刷新着我对华科大校园面积的认知，也让我愈加坚信，这就是一座适合迷路的森林之城。

"既然是学新闻的，我希望同学们能在闲暇时主动探索一下校园，没事逛逛学校，就当散散步，留心观察周围环境，说不定能发现许多未曾留意的生活细节。当然，这份作业还有助于克服迷路，一举多得。"在"视听传播学概论"课上听到这样可爱的要求，我满心期待，迅速投入实践——我难得这么积极主动地做"作业"——对着本子上的手绘地图，随机挑选一个幸运地点，开启我迷路的旅程。

过桥、上台阶、爬坡、过马路，经过几个似乎长得差不多的路口后，我意识到不对劲，再一抬头，"这是哪里？"周围又都是熟悉而陌生的大树，还有绝对陌生的建筑。下一步，我像抓住救命稻草一样拦下无辜的路人，"您知道这是哪里吗?""图书馆怎么走?"几乎每次出发,我都会到达只在此"校"中,"林"深不知处的境界。几次下来,我也终于有了进步——培养出迷路也丝毫不慌的良好心态。

可迷路也不见得都是坏处,不经意间遇见的惊喜足以让我快乐一整天:路边草丛里钻出来的白盖蘑菇,说不定是哪个小精灵藏匿的城堡;屋檐上对着朝阳打哈欠、伸懒腰的中华田园猫,身上花色的毛在晨曦中闪着金光;上午九点多图书馆前的喷泉与阳光共舞,交汇出微笑着的彩虹;傍晚小学门口,来接孩子的奶奶一边牵着孩子的手,一边用乡音唱着地方特色的童谣……回过神来,我竟自己摸索到了"集贸",华科大冒险的"成就栏"上又能添几行惊心动魄的记录。

二

带我津津有味继续品读华科大这本书的,是可敬可亲可爱的老师们。

"师者,所以传道受业解惑也。"而在华科大,老师们对于我却远不止是"传道受业解惑",更像是以各自独特的方式,吸引我把这本书继续翻下去,鼓励我写下自己的注解,启我深思,引领我走向更广阔思想天地的掌灯人。

在我看来,学院的先生们各有各的特色:或学贯中西,各家理论信手拈来;或博古通今,将中外新闻传播的历史连贯成线,深入浅出地传授给我们;或熟谙社会学经典论著,深刻剖析时政热点;或善用中医之道,谈笑间帮我们打通理论学习的任督二脉……用不同的方式,带我们领略别样的风景。

在校园里迷路时,给我指路的是乐于助人的老师同学们;而在传播学各派理论间迷路时,我的救星则是教授传播学原理的徐明华老师。

略读过几本基础理论书,由于常常无法深入理解,我对传播学理论的印象是高大深奥,遥不可及、深不可测,甚至到了玄妙的地步。一面想要深入学习,一面又充满敬畏,我便不奢望能精准理解,压下原本的好奇心,早早做好了强记硬背课本的心理准备。好在,徐老师早料到我的这种心态,上来几节课就帮我打消了这个消极学习、被动应付的念头。

"我猜,有同学会想,学这些理论到底有什么用处,要上课干嘛,考试前抓着提纲和课本背上几天几夜不就行了……"几个问题如飞镖般正中靶心,一举击溃我心里的小算盘……我挪开视线,擦掉心理上沁出的冷汗,再次抬头正好对上徐老师的目光,竟是温和度爆满的笑意:"社科之所以是社科,一部分原因是它从人文学科发展而来,找到了一些能够更广泛应用的理论,而我们学习这些理论的过程,就是依据理论提出的背景,理解学者们解决问题的思维方式和逻辑关系。更进一步,是运用批判思维思考问题。再经典的理论,也不一定完美,它们是在当时的环境下被提出的,可能会有不足与弊端,也并不一定可以照搬套用在任何地方。"我似懂非懂,听着徐老师打的比喻,在笔记本上勾出把不合适的理论帽子硬往头上套的小人——理论不适用,帽子戴不上,怎么能埋怨头不好?

学理论要在知道是什么、为什么的基础上,努力向前更进一步,向上再进一层,找找这套理论有什么不足,想想有什么改进的方法,说不定还能创造出自己的方案。徐老师的一席话,助我们打通理论学习的筋脉,即使是抽象思维并不强悍的我,也顿感醍醐灌顶。

这样的要求听上去就不容易,实践起来就难上加难了。可每次上传播学原理课,我们还是很期待,可爱的徐老师总是笑着的——一抬头就能看到开朗阳光的笑容,自己也如饮仙露一般重新焕发出活力,何乐而不为?上课铃响,遇上徐老师满是笑意的目光,同样露出笑容以回应,本就是一件很让人幸福的事情,接下来哪怕是再难以理解的理论,好像也没那么吓人了。我很好奇老师是如何保持积极乐观的研究心态的,用她的话说,"研究者们对这些理论或完善、或拓新、或批判,不断摸索人类知识的边界,这就是学者们的工作"。"研究"这件事,既没有我们想象的那么困难,也绝没有那么简单。研究遇到了瓶颈和卡顿,苦思冥想仍得不出满意的答案,是十分折磨人的事情,但柳暗花明,豁然开朗,也会带来极大的欣喜。"给大家上课,是我把自己已经想明白、弄清楚的问题讲解出来,启发大家去探索、去发现、去创新,找到各自的进阶之路,这是很让人快乐的。"徐老师带着这样的心态授课,我也会不由自主地受到感染。翻翻尚未读完的课本,听听老师对观点的解读,想想纷繁复杂的新闻传播现象,有时我也会收获恍然大悟的欣喜,心情就像是在迷路时无意间看到图书馆喷泉的彩虹。

站在韵苑路口,我抬手扶住帽檐,再次确认目标教学楼的名字。要么迷路,要么在迷路的路上;翻开书页,担忧着这次的课程能不能听懂,又在对上老师温和的视线时将忧虑一下子抛到九霄云外……这是我对华科大生活的第一印象。好在,华科大足够大,这本书足够精彩,有无数让人惊喜的课堂,也足够我一次次试错,让我在华科大的书里尽情浸润,萃取精华,茁壮成长,一次次朝向未知的领域探索。

3

再会 东六楼

如何与最亲密的"我"相处
——2020届硕士毕业生代表袁向玲在2021年毕业典礼上的发言

袁向玲（2018级传播学专业硕士生）

我想简单和大家谈谈"毕业后最亲密的朋友——我"，这个朋友可能会有点烦，相处起来不知所措，以下是三点不太成熟的相处建议。

第一，接受日常迷茫的"我"。毕业前，我出现过间歇性迷茫，比如找什么样的工作，进入什么样的行业，以及是否要读博。直到毕业后我才想明白这些问题，但随之而来的是日常迷茫。或许大家毕业后也可能在社会的毒打与持续性迷茫中徘徊，甚至彻夜失眠。没关系，我们这一生都是在不确定中寻找一个确定的状态。在最美好、最有拼劲的年华里充斥各种矛盾与迷茫本身就是常态，没有谁的生活是一路"躺平"。接受迷茫是人生常态，学会无为中求有为。青春是我们最大的资本，哪怕前方碰壁，还能重新出发。

第二，与"自我"内卷而非随大流。我们常谈，人生只有一条跑道，所有的人都要在这条跑道上赛跑。有的人拿到了"大厂"年薪20万~30万元的offer，有的人发了多篇核心期刊论文。但每个人的赛道是不一样的，不追逐大流，盲目参与内卷，才能实现自我价值。毕业后这一年我经常停下来思考，"我是谁""我喜欢什么""我的理想是什么"，想清楚后再出发，静下心一头扎进了科研。无视"大流"内卷才能找到自我，在"自我"内卷中才能成为更好的自己。

第三，学会与自己和解。人这一生，相处最亲密的是自己，终究要学会与自己和解。毕业后，你们可能会没有了舍友，下班后更多的是独处的时光，所以大家要学会成为自己的朋友，去接纳每个时期不同的自己，去拥抱属于自己的时刻，培养一些业余爱好。工作之余，多多聆听这个特殊朋友的心里话，接受它，感恩它，感谢它为你换来能力的提升、业务的精进、水平的提高。

"恩比青天，广施甘露千株翠"，在这里，让我们共同祝愿新闻学院的明天更加美好，更加灿烂；祝愿每一位老师身体健康，工作顺利。"此地一为别，孤蓬万里征"，祝愿各位毕业生此去繁花似锦，前路皆热土，所遇皆挚友。

青葱岁月,再书华章
——2021届硕士毕业生代表文子玉在2021年毕业典礼上的发言

文子玉(2018级传播学专业硕士生)

东流逝水,叶落纷纷,三年时光太匆匆,但终于还是到了和华科大、新闻学院说再见的时刻。

回首来路,"成长"铺就我们前行的底色。三年苦读,不知不觉间,我们在时间的指引下实现了一次又一次的成长,不仅仅是学识上的,更有心灵上的。难忘东九课堂上,我们小组攻关,啃下本雅明的传播学著作,梳理着女性主义理论的发展历程,学习定量研究的科学方法;难忘我们参与社会实践活动,深入基层,了解国策民生,用镜头、用笔尖讲述着多彩的中国故事,践行着"脚下沾满泥水,心中充满力量"的专业信仰;难忘我们与书为伴,投身科研,站在前人的肩膀上,去探索学科内的新议题,发现新经验。而其中,每一个我们,都经历过大大小小的迷茫、挫折,但所幸,这都必将化作我们前行的底气。踏实严谨、奋斗不息,我们一定可以带着华科大新闻学院赋予我们的气质,在未来的工作和学习中打硬仗、开新局!

而今,离路在前,心中满是不舍。森林,绿地,梧桐细雨;东湖,玉兰,醉晚荷塘。不舍这里街道笔直,树影斑驳,桂香馥郁;不舍这里浓厚的学术氛围、面貌一新的东六楼、渊博可敬的老师们;不舍我可爱真挚的同窗,我们一起走过难挨的论文写作和求职季,其间有多少加油打气,又有多少相互致意!但天下没有不散的宴席,我们未来依旧可期!

最后,我想说的是感恩。感恩我们有缘从五湖四海相聚在森林大学,感恩学院的培养,提供的平台,让我们能如愿拿到各领域的入场券,顺利转向人生下一个赛道;感恩我们的老师,授业解惑、因材施教,我们的每一步成长印记都镌刻着他们的心血汗水;更要感恩那个永不放弃的自己,在焦虑面前,在挫败之际,我们依旧咬紧牙关,闯关夺隘,迎来了毕业的曙光!希望我们走出校园后,头顶的星空依旧是家国梦想,眼前的现实是服务社会。一百年前,梁启超在《新中国未来记》中写下"无端忽作太平梦,放眼昆仑绝顶来"。如今踏出校园,我们还须秉持先辈们"博观而约取,厚积而薄发"的遗志,以开放包容的心态和批判审慎的思考行走在人生下一个征程的雄关漫道上!

"岂无寸草心,珍重三春晖。仰看林间乌,绕树哑哑飞。"游子远行,离路在前,就让这殷殷离情化作深深祝愿:愿我们的新闻学院青葱永远,再书华章!愿我们的恩师身体健康,桃李满疆!愿我的同窗学伴宏图大展,奋发向上!

初心不改，扬帆远航
——2022届本科毕业生代表赵春辰格在2022年毕业典礼上的发言

赵春辰格（2018级传播学专业本科生）

回顾这四年，与新闻学院在一起的每个瞬间都还历历在目，恍如昨日。一路走来，我们收获了团团和连连的手写明信片，"全民K歌"上"仅此一首"的《小幸运》；我们见识了武汉一夜入冬的境况，还没晾干昨日的衬衫，今天就得急忙翻出羽绒服穿上；我们曾与这里短暂分别，见证了"华中科技大学附属同济大学"的乌龙，一边笑一边又自豪地告诉亲戚华科大真不是"二本"；我们调侃过《华科大堡垒》续篇的"新加坡"和"多瑙河"，却又沉醉于大微笑的黄色海洋。也还记得，第一次上游戏课的新奇，第一次拍视频的激动，第一份大作业的"难产"……

这纷繁迷人的景致铺陈了我们四年的青春，循着脉络溯回，大家是否还记得来时的初衷？2018年9月，"致2022年的自己"开学典礼上，我们写下了对未来的期许。那时候的思考略显青涩，但现在想来大家写的也应该大抵相通。因为凭着信念和努力，此时此刻站在这里的我们，都终于成为更好的自己，正在属于自己的漫漫征途上砥砺前行。

在华科大新闻学院，我收获了从头开始的勇气。大一下学期，以文科生的身份转入文工交叉的传播班，是我大学的转折点，也是关键一步。"以为只靠努力就能无所不能，这是一种傲慢。"一味地低头前进，容易迷失方向和初心。我想，无论在人生何种阶段，我们都要记得持有一定的宏观视野，不盲从，不畏惧。

在华科大新闻学院，我见到了忧国忧民的文人气质。治学为根，立人为本。新闻学院的老师们以纸笔针砭时弊，用研究求索真理。这份心怀家国的忧思，指引感召着我们，承担起一代代新传人为国为民的使命。

在华科大新闻学院，我寻得了未来道路的方向。文为纲，工为常。在这个技术渗透到生活各处的时代，总需要一些人，能站在工程师的视角，却目光长远，保持人文主义思考。这是新闻学院传播系帮我点亮的路途。

不知不觉，我们便走到了大学本科这一站的终点。后来我们也开始喜欢在东九玉兰盛开时拍照，下意识地在火炉般的夏天买一根枫叶冰激凌，学会在第一场秋雨到来之前早早备好羽绒服,也弄清楚了武汉的雪根本堆不了多大的雪人。大一时,我习惯用"来自哪里"开启一段对话,进而认识一些朋友,而今却只能用"去往何处"慢慢诉说着告别。告别睡眼惺忪的"早八",告别吐槽了四年又图方便懒得跑远的"韵酒",告别每个历时弥久艰难生产的小组作业,告别十栋楼下的狸花猫、水果店旁的黑猫和玳瑁猫……其实我还是没吃完 34 个食堂,还是没能向亲戚解释清楚新闻学院真不是只能当记者,还没改掉拖延症,每次"pre"的前一秒依旧在改文案,可能我还是没成为理想中可靠的自由防守球员,还没能和在新闻学院的每一份美好相遇道一声"谢谢",便匆匆说了"再见"……

"尚未配妥剑,转眼便江湖。"在新闻学院的求索之旅接近尾声,而我们也终将背负着她用四年送予我们的珍贵行囊,见天地,见自己,见人生,奔赴各自的精彩前程。也许十年、二十年后,我们再回忆这些时光,遗憾也终究觉得美好。

我们还会依然心中滚烫,想起醉晚亭的悠扬琴声,想起磐石上苍劲有力的八字院训,想起现在朝气蓬勃、心怀家国的自己。"秉中持正,求新博闻。"我们会牢记我们是永远的华科大新传人,永远以华科大新传人的责任与担当激励自己,在民族复兴的征程中激扬青春,为祖国、为人民永久奋斗、赤诚奉献!

感恩喻见
——2022届硕士毕业生代表罗楚豪在2022年毕业典礼上的发言

罗楚豪（2020级新闻与传播专业硕士生）

时光飞逝，两年前的我带着忐忑之心初入华科大。本科学校一般，也并无新闻专业背书，理工科出身的我，仅仅凭着在部队里接触到的点滴新闻知识和破釜沉舟的决心便踏上跨专业考研的征途。在国家政策的扶持下，凭着九分努力和一分幸运，战战栗栗地步入华科大的学术殿堂，艰难且又"贪婪"地享受着来之不易的象牙塔时光。

新闻学院是开阔的，新闻学院为学生搭建高水准的平台，无论是班级和学生会的学生干部工作、学院的助管工作，抑或是走出学院的赛事活动、就业实习的活动，学院始终为学生们不遗余力。

新闻学院是博学的。研一一年的课堂生涯，让我系统地学习了专业知识，打开了我的学术大门。我醉心于老师们深入浅出的学术课堂，他们的博学多闻让我在艰难的学术之路上，一次次"打怪升级"，从而能够顺利毕业！

新闻学院是负责友善的。两年时间，从学工到院办，从教务到实验室、图书室，我几乎接触了所有院办的老师们。他们兢兢业业，认真负责，每次见到他们，都能看到亲切的微笑。在我们需要帮助的时候，他们总是带着满满的善意和温暖，伸出援助之手，为我们排忧解难。

新闻学院是勤奋优秀的。新闻学子在各自擅长的领域闪闪发光。有的在学术之路勤学耕耘，不断在学术期刊上发表佳作；有的活跃在各类大型比赛中，数次夺得桂冠；有的钻研专业技能，用他们的镜头、笔触，描绘着一个又一个小而美的故事；有的安心于自己的一方天地，经营好自己的小小生活。

新闻学院是热情真诚的。作为一个大龄研究生，我时常困顿于自己的年龄，说出一些丧气话，我的朋友总能用乐观和热情去感染我、带动我，让我去尽情享受难得的校园时光。我被他们叫过无数次的豪哥，所以我总希望以大哥哥的身份尽可能去为他们做些事情，但实际上，他们总是用真诚感染着我，激励着我追梦前行！

两年时光虽悄然流逝，初入华科大的情景却历历在目，我常常想时间能不能慢点,再慢点,我实在不想离开这温暖的地方。但聚散终有时,我们走到了时间的分岔口。

我将始终感激于自己的幸运,当大多数同龄人在社会大学里浮浮沉沉,我却还能再次回到大学校园去享受这份纯真,汲取知识;我将始终铭记"秉中持正,求新博闻"的院训,用文字、图片书写描绘自己的人生篇章,丈量美丽的祖国大地。

再次感谢在新闻学院遇到的所有老师们、朋友们,所有的所有,都是我青春年华里最美好的记忆!

"新"向原野，蓄势前行
——2023届本科毕业生代表陈星宇在2023年毕业典礼上的发言

陈星宇（2019级广播电视学专业本科生）

时光如水，记忆如磐。回首四载春秋寒暑，一千多个日日夜夜，承载着我们太多的回忆。四年前我们带着对大学生活的憧憬，带着家人的叮咛嘱咐，带着一颗年少无畏的赤子之心走进华科大的校园。我们经过懵懂迷茫的大一，经历了第一次升旗仪式的庄重、第一次跑完体测的疲惫、第一次期末备考的焦虑，第一次感受到"交一个人的学费，上两个人的课，写三个人的作业"真的不是一句空话。我们走过热情奔放的大二，"挑战杯"、"大创"、"大广"赛、"大计"赛，都有我们奋力拼搏的身影，还有为了采访、拍素材走过的大街小巷、熬过的夜，都构成了记忆里的点滴。后来我们进入紧张忙碌的大三，曾经朝夕相处的同学奔向全国各地开展专业实习，开始在属于自己的漫漫征途上砥砺前行。最后，来到了依依惜别的大四，保研考研、申请境外学校、奔波找工作、完成毕业论文等，一幕幕场景就像一张张绚丽的剪纸画，串成一部即将谢幕的电影，记录着我们的青春与过往，播放着我们的快乐与忧伤。

大一下学期，我转专业来到新闻学院，收获了从头开始的勇气，这是我大学的转折点，也是关键一步。在华科大新闻学院，我找寻到了未来道路的方向。有人说，我们向往的那片新闻故土，正在被物欲横流、纸醉金迷的时代淹没，但新闻学院的老师们以纸笔针砭时弊，用研究求索真理，教会我们用观点的碰撞来表达理性的激情，给世间一个永恒持续的真相与温度，做时代的记录者与传播者。

不知不觉，便走到了大学本科这一站的终点。我们从四面八方而来，现在往五湖四海而去。不久之后，大家不用再搭乘熊猫校车、骑着小电驴往返校园的各个角落，快递的默认地址不再是珞瑜路1037号华中科技大学韵苑学生公寓，填写学院年级时不会再写上新闻学院2019级，我们自此跃入人海，各有风雨灿烂。我们可以选择投身新闻一线而发时代之声，可以选择扎根基层而服务群众，可以选择参军报国而守护家国人民，可以选择升学深造而不断求索……但无论我们身处何方，做出了什么样的人生选择，我们都不会忘记是华科大新闻学院帮我们点亮了人生路途上的又一盏灯。

也许十年、二十年之后,我们依旧会心中滚烫,想起醉晚亭、想起华科大的点点滴滴。习近平总书记曾寄语青年"青春由磨砺而出彩,人生因奋斗而升华"。作为新时代的青年学子,我们有责任肩负起新时代的重任,不负时代,不负韶华,成为新时代奋勇前进的搏击者,带着母校的期望、老师们的教诲、朋友们的鼓励,做怀揣梦想脚踏实地的人,做拥有智慧富有激情的人,做德才兼备敢挑重任的人,以青春之名,赴时代之约。

再度出发
——2023届硕士毕业生代表刘通在2023年毕业典礼上的发言

刘通（2020级传播学专业硕士生）

过去的几年时间里，我们经历了一段具有深度不确定性的特殊时期，但大家凭借着自己的坚忍毅力与强大心态，顺利完成了学业，即将走向人生新的阶段。硕士在读的三年内，我与学院的本科、硕士和博士同学都有接触，诸位在学习生活中展现出来的精神风貌、卓越品质，令我折服。我真心地钦佩大家，并为与诸位同学共同学习成长而感到荣幸、自豪。

在过去的几年时间里，大家因为"华科大"三个字聚拢在一起，又在各自不同的小世界里各放异彩。因此，纵然作为"毕业生代表"，我却无法真正地代表每一位毕业生同学。在这里，我愿意分享自己在华科大学习和生活的诸多记忆和感受，期待能与诸君共勉，让我们以更加从容的心态走向下一程旅途。

对我而言，在华科大新闻学院学到的最重要的事情，大概是用心感受世界的美好，努力成为一个心灵健全的人。大约四年以前，我从山城重庆"顺流而下"，来到江城武汉，参加华科大的预推免考核。在学院宣讲环节，张昆老师对我们说，希望大家有机会能够到喻家山上来骑自行车、吹吹风，那绝对是一桩美事。张昆老师的话还没说完，我就已经在座位上想象那样的场景了。不知道为什么，这几句话深深打动了我，使我对学院萌生了非常好的印象，并始终镌刻在我的记忆深处。相比四年以前，今天的我对生活和学习有了更加深刻的理解，回头去看，这短短的几句话之所以有如此大的魔力，大概是因为它们勾画出了一种舒适、自然、自由的生命境界和泰然自若的生活态度。《论语·先进篇》有这样一段文字："莫春者，春服既成，冠者五六人，童子六七人，浴乎沂，风乎舞雩，咏而归。"其大意是说，在暮春时节，穿着春装，去沂水洗澡，去舞雩台上吹风，唱着歌回家。孔子对此表示赞同，自然有其深刻的哲学深意；但仅从美学的角度而言，这段话表达了一种和谐自然、轻松闲适的美学追求，我想这是与张昆老师彼时的发言有着共通之处的。

两者都在提醒我们，在追求卓越的路上，也应不忘感受生活的美好。在紧张的学习、工作之余,要葆有一分对理想的期待,找到一个释放压力的出口,追求积极的生命状态和泰然处之的人生态度。唯有如此,才能避免心为物役,不至于被繁重的工作所异化;才能走得更快更远,并发展为一个心灵健全的、视野开阔的个体;才能笑对失败,从容地应对学习、科研和工作上的种种挑战。在过去三年里,我有过许多个焦虑的瞬间,甚至是为学业和工作辗转难眠的夜晚。如今,"轻舟已过万重山",复盘过去的经历,我想唯一能够总结的,便是在今后的生活之中,无论面对何种困难,都要持有一种"去喻家山上骑车"的轻松状态和豁达心境。许多个咬紧牙关的时刻,我总是想着,等熬过了这一关,就去喻家山上骑车、吹风,那会是何等的惬意舒适。就这样想着想着,很多个难熬的时刻都挺过去了。许多个挣扎的时刻,我都会在校园里闲逛,尽可能去晒晒太阳,闻闻花香,告诉自己,生活如此美好,未来值得期待。无论是继续从事科研学习,还是走上社会各界的工作岗位,我们在未来都会面临许多未知的挑战,或许可以请诸位小小地记住我今天提到的"喻家山骑车"的例子,带着一分从容上路吧。

最后,还是想向学院、导师和同学们表达真挚的感谢,我想这是毕业季永恒的主题。谢谢学院的温柔以待,在入学和毕业季为大家精心准备的礼物,暑期为留校的同学准备水果,冬季为大家发放奶茶;谢谢研究生导师们的无私奉献,他们总是无所保留、满怀期待地把我们推向更高更远的地方;谢谢同学们,几年的朝夕相处里,大家相互学习,彼此帮助,共同定义了"华科大新闻人"这个沉甸甸的称呼。在准备发言的过程中,我了解到了大家的毕业去向。看到诸位即将去往五湖四海不同的行业和岗位,我由衷地感到高兴。与此同时,也有同学仍然在等待或是摸索着未来的选择和去向,相信他们一定能够找到自己的心之所归。

我们是卓越的华科大新闻人,是行业和祖国的年轻力量。愿大家保重身体,保持联系,以昂扬的姿态开启人生的新篇章。

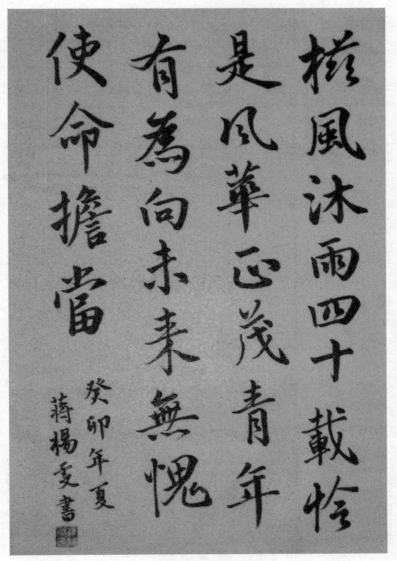

蒋杨雯①书法作品

① 蒋杨雯,2021级传播学专业本科生。

图书在版编目(CIP)数据

梦想：同歌同行向未来 / 李彬彬，李华君，李卫东主编. -- 武汉：华中科技大学出版社，2025.4. -- ISBN 978-7-5772-1701-7

Ⅰ．G219.2-53

中国国家版本馆CIP数据核字第2025BY6678号

梦想——同歌同行向未来　　　　　　　　　李彬彬　李华君　李卫东　主编
Mengxiang——Tongge Tongxing Xiangweilai

策划编辑：周晓方　杨　玲
责任编辑：余晓亮
封面设计：原色设计
责任校对：唐梦琦
责任监印：周治超

出版发行：华中科技大学出版社(中国·武汉)　　电话：(027)81321913
　　　　　武汉市东湖新技术开发区华工科技园　　邮编：430223
录　　排：华中科技大学惠友文印中心
印　　刷：湖北恒泰印务有限公司
开　　本：710mm×1000mm　1/16
印　　张：12.75　插页：2
字　　数：216千字
版　　次：2025年4月第1版第1次印刷
定　　价：99.00元

本书若有印装质量问题，请向出版社营销中心调换
全国免费服务热线：400-6679-118　竭诚为您服务
版权所有　侵权必究